KB216867

부의 전략 수업

돈에 휘둘리지 않고 살아남는 15가지 시스템

부의 전략 수업

폴 포돌스키 지음 · 고영훈 옮김

필름

일러두기 본문에서 인용한 도서명은 『 』로, 영화·간행물명은 〈 〉로 표시했습니다.

내게 처음으로
돈에 대해 가르쳐 주신
할아버지께,

그리고
이 책의 모든 페이지에서 떠올렸던
내 아이들, 사샤와 니콜에게
이 책을 바칩니다.

한국어판 서문

제가 한국에서 보낸 시간은 참 소중했습니다. 그곳에서 만난 사람들, 맛있는 음식, 그리고 한국의 독특한 역사를 배우는 과정 또한 즐거웠습니다.

이 책은 한국의 금융 역사에 익숙한 분들이 깊이 공감할 수 있는 내용입니다. 지난 100년 동안 한국은 전쟁, 팬데믹, 정치적 혼란, 통화 평가절하, 기술 혁신, 지정학적 불안정, 금리 변동 등 거의 모든 유형의 금융 위기를 경험했습니다.

한국의 금융 역사는 매우 독특하면서도 보편적인 측면을 함께 지니고 있습니다. 그렇다면 이러한 거대한 흐름 속에서 개인은 어떻게 나아가야 할까요? 저는 이 책에서 그 답을 찾고자 했습니다.

아무것도 모르는 상태에서 시작해 세계 최대 헤지펀드에서 일하고, 나아가 직접 회사를 운영하기까지, 돈에 대해 배운 통찰을 공유했습니다. 읽어주셔서 감사합니다.

2025년 3월
따뜻한 인사를 전하며, 폴 드림.

목차

돈의 굴레

우리는 돈의 굴레에서 벗어나기 어렵다.
굴레 안에서 살아가기 위해서는 전략이 필요하다.

혼돈과 질서의 경험

내게 '혼돈chaos'이란, 3살부터 5살 때까지 어머니가 내면으로부터 서서히 무너지는 모습을 지켜보는 것이었다. 어머니의 모습은 썩어가는 과일 같았고, 암이 어떤 것인지 알게 되었다.

반면, 내게 '질서order'란 자립하는 법을 배우는 것이었다. 계란을 요리하는 법이나 절벽을 오르는 기술을 익히는 것 같이 말이다.

그리고 누군가의 아버지가 되고 나서, 질서를 세운다는 것은 돈을 잘 다루는 법을 배우는 것임을 깨달았다. 그전까지만 해도 나는 돈에 너무 집착하는 사람은 인생의 즐거움을 포기하며 편협하게 사는 사람이라고 생각했다. 하지만 나는 29살이 되어서야 나의 판단이 잘못되었다는 것을 깨달았다.

나는 세 살배기 아들 샤샤의 손을 잡고 브루클린의 길가에 서 있었다. 그때 우리 집 건물 입구와 쓰레기 더미 사이를 느긋하게 왔다 갔다 하는 쥐 떼를 발견했는데, 그 순간 '폴, 이건 아니야, 빨리 뭔가를 바꿔야만 해'라는 생각이 스쳤다.

나는 아이들을 쥐들 속에서 키우고 싶지 않았다. 하지만 집을 옮기기엔 돈이 부족했다. 부를 만들기 위한 오랜 여정은 그때부터 시작됐다.

이 책은 그때의 나처럼 돈이 어떻게 작동하는지 모르는 사람들도 이해할 수 있도록 교훈을 정리한 책이다.

돈의 다면적 의미

돈보다 중요한 것은 많다. 돈이 전부가 아닌 것도 맞지만, 그렇다고 아무것도 아닌 것도 아니다. 돈으로부터 벗어날 수 없는 만큼 제대로 이해하기도 어렵다. 돈에는 다양한 의미가 있기 때문이다.

돈은 오늘 당장 쓸 수 있는 현금이면서, 미래를 위한 자금이기도 하다. 돈은 현금이자, 신용이다. 누군가에게는 달러가 돈이지만, 다른 나라에서는 유로나 엔화일 수도 있다.

돈은 음식과 같은 필수품을 위해 쓰이기도 하고, 때로는 응급 의료 서비스와 같이 상황에 따라 필요한 것에, 때로는 멋진 셔츠처럼 꼭 필요하진 않지만 갖고 싶은 것에 사용되기도 한다.

우리는 모두 돈이라는 굴레에서 벗어나기 어렵다. 때로는 물질적으로, 때로는 정신적으로.

돈이라는 굴레가 어떻게 작동하는지 이해하면, 감정적 반응은 제어되고 이성적 사고는 가능해져 조금이나마 더 나은 결정을 내릴 수 있다. 정해진 답이 있다면 좋겠지만, 결국 선택과 타협의 연속일 뿐이다.

돈에 관한 고민은 수천년 동안 우리와 함께 했고, 앞으로도 그럴 것이다.

우리는 섹스에 대해 자주 생각하고, 대부분 그것을 즐겁게 생각한다. 하지만 돈에 대해서는 더 자주 생각하면서도 오히려 불안하게 생각한다. 자신이 가진 돈이 부족한 것 같거나, 또는 부족해질까 걱정한다. 심지어 어떤 경우에는 돈에 관해 얘기하는 것 자체만으로 불편한 분위기가 형성되기도 한다.

사람들은 자신이 어떤 학교를 나왔는지에 관해서는 기꺼이 이야기한다. 어떤 이들은 심지어 데이팅 사이트에서 자신의 나체 사진을 서슴없이 보내기도 한다. 하지만 자신이 얼마나 많은 돈을 가졌는지는 좀처럼 말하지 않는다.

돈에 대한 불안감

대부분의 사람은 돈에 대해 불안감을 느낀다. 돈이 부족하면 그게 자신의 잘못인 것처럼 불안해하고, 돈이 많으면 누군가 자신을 시기하거나 돈을 요구할까 봐 걱정한다. 심지어 부자조차도 자신이 부자라고 느끼지 못한다. 다른 부자들과 비교하며 자신이 가난하다고 느낀다.

돈의 원리를 이해하는 사람은 드물다. 많든 적든 자신이 가진 돈의 액수에 따라 행동해야 함에도 말이다. 돈이 부족하다고 느껴본 사람이라면 누구나 알 것이다. 돈을 이해하면 인생이 한결 수월해진다.

나를 그 쥐 떼 속에서 벗어나게 해준 것은 결국 돈에 대한 공부였다. 돈 공부는 고등학교 수준의 수학만으로도 가능한 기본적인 삶의 기술이지만, 막상 시작하기는 어렵다. 돈은 그 가치와 형태가 크게 변화할 수 있기 때문에, 큰 그림과 세부 사항 모두를 이해해야 한다. 이 책의 목표는 당신이 처음부터 돈을 공부하는 데 시간을 낭비하지 않고 그 원리를 깨우치게 하는 것이다.

이 책은 "이렇게 해야 한다"보다는 "이렇게 돌아간다"에 초점을 맞춘다. 즉, 돈이라는 시스템이 어떻게 작동하는지에 대한 이야기가 더 나올 것이다. 나는 시스템의 일부가 불공정하다고 느낀다. 그럼에도 불구하고 그 시스템은 이해와 극복이 필요한 현실이다.

돈과 삶의 두 가지 측면:
삶에 대한 경외심과 물질적 현실

나는 필요할 때마다 조금씩 돈에 대해 배워 나갔다. 돈에 대한 이해는 서서히 쌓여갔고, 이는 늘 특정한 경험과 맞물려 발전했다. 브루클린에서 쥐 떼를 마주했던 그 시절, 나는 금융 전문 언론사의 밑바닥에서 일하며 면화 시장에 대한 보고서를 쓰고 있었다. 결혼했고 아이도 있었으며, 뉴욕에서 3만 8,000달러의 연봉을 받으며 살아가고 있었다.

어느 오후, 나는 돈에 대해 나보다 더 잘 아는 것처럼 보이는 트레이더들과 연락했다.

"토니, 다우존스의 폴입니다."

토니는 19세기부터 존재한 유서 깊은 면직물 거래소에서 수확이 끝난 면직물 가격을 결정하는 트레이더였다. 그의 이름은 전임 기자들이 남겨준 목록에 있었다.

"입찰가 상승, 날씨 영향."

그는 짧게 말한 뒤 전화를 끊었다.

처음엔 그가 무슨 말을 하는지 전혀 이해할 수 없었지만 곧 알게 되었다. 면직물 가격이 상승하는 이유는 토네이도 같은 악천후가 작물에 피해를 줄 위험이 있다는 사실 때문이었다.

그로부터 20년 후, 나는 세계 최대 헤지펀드의 파트너로 일하게 되었다. 그동안 면직물, 구리, 석유 같은 원자재는 물론, 채권, 주식, 부동산, 통화까지 공부하고 거래해 왔다. 돈은 훨씬 많아졌지만, 걱정은 여전히 남아 있다. 돈을 버는 것은 스트레스를 동반했고, 이제 나이가 드니, 인생은 짧게만 느껴졌다.

얼마나 더 살 수 있을까?

얼마나 더 많은 돈이 필요할까?

겉으로 봤을 때 내 삶은, 그저 아침에 출근하고 저녁에 퇴근해 가족과 식사를 하고, 아이들의 운동 경기나 상담 선생님과의 만남에 참석하는 평범한 가장으로만 보일지도 모른다. 하지만 내 안에서는 또 다른 삶을 만들어 가고 있었다. 나는 단지 돈을 모으는 삶이 아니라, 의미 있는 삶을 살기 위해 수없이 고민했다. 돈은 단지 그 목표를 이루기 위한 도구일 뿐이었다.

인생은 우리에게 삶에 대한 경외심과 동시에 물질적 현실을 받아들이길 요구한다고 느꼈다. 그리고 지금도 그 생각은 변함없다.

삶에 대한 경외심을 느낀 추억

나는 돈에 대해 아무것도 모르던 어린 시절부터 삶에 대한 경외심이 중요하다고 느꼈다. 돌아가신 어머니와 많은 순간을 함께하지는 못했지만, 그 작은 추억들은 내게 깊은 인상으로 남아있다. 매사추세츠 우즈홀의 소금 습지에서 이른 아침에 새를 구경하며 맡은 짭짤한 물 냄새가 그랬다. 아마도 내가 3살 때였을까? 그곳에서 젖은 나의 작은 손을 어머니가 잡아주었던 기억이 난다.

그 이후로 나는 일상 너머의 순간들, 살아있다는 것이 얼마나 기적 같은 일인지 상기시키는 순간들을 끊임없이 찾아 헤매었다. 아마 우리 모두 그런 순간을 갈망할 것이다. 어머니가 돌아가신 뒤 인생은 짧고 예측할 수 없다는 것을 더 깊이 깨달았고, 그러한 마법 같은 순간들을 더욱 소중히 여기고 가꾸어야 한다는 사실을 알게 되었다.

때로는 눈보라가 휘몰아치는 산 중턱에 있는 것처럼 느껴질 때도 그런 순간들이 찾아왔다. 때로는 단어 몇 개만 간신히 알아듣는 낯선 외국의 자갈길을 돌 때 찾아왔다. 도서관이나 카페에 조용히 앉아 완벽한 문장을 읽었을 때, 버클리의 한 카페에서 라테를 마시며 체스와프 미워시Czeslaw Milosz •의 시를 읽었을 때도 그런 순간을 느꼈다.

• 　폴란드 출신의 작가. 시인. 평론가로, 1980년에 노벨 문학상을 수상했다.

내 아이들을 처음 안았을 때도 그런 순간이었다. 따뜻하고 연약한 아이들을 품에 안았던 순간, 나는 내가 생생하게 살아 있음을 느꼈다. 삶은 가능성과 유대감으로 가득 차 있음을 알게 되었다. 그리고 이 순간들에는 돈이 전혀 개입되지 않았다.

20대 초반 모스크바에서 기자로 일하던 시절, 나는 내가 삶에 대한 경외심을 추구한다는 사실을 깨달았다. 나는 작가가 되고 싶었고, 작가들은 젊은 시절 작가다운 경험을 한다고 여겼다. 마치 헤밍웨이가 1차 세계대전 중 이탈리아에서 구급차를 운전했던 것처럼.

사랑과 현실의 조화

사랑 역시 이런 경외심을 느끼게 준 경험 중 하나였다. 나는 아내 마리나를 그때의 내 상사가 주최한 파티에 온 손님으로 만났다. 나는 첫눈에 사랑에 빠졌고 이후 우리는 와인을 마시며 하나의 주제로도 끊임없이 이야기했고, 부엌 창문을 활짝 열어놓은 채 강 건너로 보이는 고리키 공원의 푸른 풍경을 바라보았다.

그러나 그런 꿈같은 날들은 마냥 지속되지는 않았다. 현실적인 문제들이 거칠게 끼어들었다. 대표적으로 우리는 아들 사샤를 낳기 위해 모스크바의 의사와 간호사들에게 뒷돈을 주어야 했다. 참고로 러시아의 의사들은 부족한 급여를 보충하기 위해 뒷돈을 받는다. 우리는 깨끗한 100달러짜리 지폐로

준비해 약 2,000달러를 건넸다. 이런 일들이 계속되었고, 그로부터 몇 년 후에 있었던 쥐 떼 사건으로 물질적 현실에 집중해야 한다는 내 생각은 더욱 확고해졌다.

돈이 만든 족쇄와 현실

돈은 족쇄처럼 임대료, 건강보험, 전기요금과 같은 것들로 우리를 현실에 묶어둔다. 젊었을 때 나는 이 사슬이 존재하지 않는 것처럼 행동했지만, 이 사슬은 분명 존재한다. 죽음을 피할 수 없는 것처럼 우리는 이로부터 완전히 자유로울 수 없다.

매우 부유하거나 유명한 사람들도 이런 이유 때문에 종종 길을 잃는다. 너무 부유하거나 유명해지면 현실과의 연결고리를 잃어버리기 때문이다.

돈에 대한 솔직한 대화는 섹스에 관한 얘기와 비슷하다. 어색할 수 있지만, 하지 않는 것보다는 낫다. 내가 어렸을 때, 형과 나는 아버지와 그 주제로 어색한 대화를 나눈 적이 있다. "이 시점에서는 남자의 성기는…"라고 아버지가 강의하시는 동안 형과 나는 서로 눈치를 주고받았다. 하지만 우리는 돈에 대한 대화를 나누지는 않았다. 아마도 아버지가 돈을 이해하지 못했기 때문일 것이다.

나도 내 아이들과 같은 주제로 대화는 했지만, 돈에 대한 대화는 나누지 않았다. 그 이유 중 일부는 내가 『도둑 키우기Raising a Thief』에서 밝혔듯, 아이들은 각자 더 시급한 과제들을 안고 있었고, 그래서 돈에 관해 얘기할 여유가 없었기 때문이다. 그런 의미에서 이 책은 돈이 궁금한 모두를 위한 것이기도 하지만, 동시에 내가 아이들과 나누지 못한 돈에 관한 대화를 대신하기 위해 쓴 것이기도 하다.

돈에 대한 인식은 실질적인 도움을 주면서도, 삶에 대한 경외감을 배제하지 않는다. 적어도 배제해야 할 이유는 없다. 나는 여전히 삶의 놀라운 순간들을 갈망하며, 죽기 전에 더 많은 기쁨을 경험하길 바란다. 심지어 장례에도 돈이 드니, 우리가 죽는 순간까지 돈에 관한 질문이 계속되는 것은 당연한 일이다.

삶의 자리와 돈의 연결고리

돈의 진실을 정확히 이해한다는 것은, 곧 삶에서 자신의 위치를 찾는 일이다. 젊을수록 이것이 막연하고 너무나도 큰 질문처럼 느껴지긴 할 것이다.

사회가 필요로 하는 일을 하면 돈을 벌 수 있다. 그리고 버는 돈보다 쓰는 돈이 적으면 재산이 늘어난다. 돈의 원리는 사실 이렇게 간단하다. 다만 문제는 얼마나 많은 돈을 벌 수 있느냐와, 자산이 얼마나 빠르게 불어날 것이냐에 있다. 자신이 무슨 일을 할 수 있는지 알아내는 데 시간이 오래 걸릴수록 이 과정 또한 더디게 진행된다.

이 질문에 답하려면 스스로 어떤 사람인지 알아내야 하고, 그 과정에서 용기와 정직함이 필요하다. 우리는 누구나 자신이 가진 결점 때문에 행복한 삶을 살 수 없을까 봐 걱정한다. 불안한 것은 당연하다. 하지만 생계를 꾸리고 저축을 늘려가다 보면 마음의 안정감을 얻을 수 있다.

결함과 가능성의 공존

내가 생계를 책임질 수 있을지에 대한 두려움은 19살 때 대학교 캠퍼스의 작은 방 형광등 불빛 아래에서 더욱 커졌다. 그 방에서 나는 나이든 친절한 여성과 마주했는데, 그녀는 온화한 목소리와 호두처럼 주름진 얼굴을 가진 사람이었다.

"종이를 한 장 말아서 망원경처럼 보세요."

그녀가 말했다. 나는 왼손으로 흰 종이를 말아서 왼쪽 눈을 감은 채 오른쪽 눈에 가져다 대었다. 조금 특이할 수 있지만, 나는 왼손잡이면서도 오른쪽 눈을 더 많이 썼다. 어느 쪽도 우세하지 않았다. 이 실험은 그녀가 나의 신경 구조가 조금 비정상적일 수 있다고 판단하는 근거가 되었다. 나는 난독증이었다.

내 학교생활은 늘 힘들었다. 기하학은 쉬웠지만 문법은 악몽 그 자체였다. 내가 생각하기에 나는 문제가 있는 사람이 아니라, 단지 예측이 안 되는 사람이었다. 어떤 과목에서는 실패하고, 어떤 과목에서는 예상 밖의 결과를 냈기 때문이다.

난독증 진단을 받았을 때 처음에는 안도감이 들었지만, 곧 불안감이 밀려왔다. 난독증을 가진 사람을 누가 고용할지에 대한 불안감뿐만 아니라, 내가 갖고 있던 작가라는 꿈에 대한 불안도 들었다. 난독증을 가진 작가가 과연 있기나 할까?

내가 알고 있는 작가들은 이런 부류였다. 톨스토이처럼 천재이면서 부유한 사람, 혹은 도스토옙스키처럼 가난과 광기를 동시에 겪는 사람, 아니면 프루스트처럼 의지할 사람 없이 방에서 홀로 살아가는 은둔자였다. 그런데 나는 부자도 아니었고, 미치고 싶지도 않았으며, 은둔자가 되어 살고 싶지도 않았다. 결국, 내가 일하고 싶은 분야에서 내게 맞는 자리를 찾을 수 없게 될 것 같았다.

그러나 다른 관점에서 바라보니, 또 다른 해결책이 있다는 것을 깨달았다. 돈 버는 방법을 글쓰기에만 의존하지 않는다면, 글을 쓰는 데 아무런 제약이 없었다. 다만, 문제는 내가 돈에 관해 아무것도 모른다는 것이었다.

결국 내가 좋아하는 것과 돈을 버는 것을 연결해야 했다.

자신이 무엇을 좋아하는지는 자신의 취미를 보면 알 수 있다. 예를 들어, 스케이트보드를 탄다고 치자. 스케이트보드에서 무엇이 마음에 드는가? 하루 종일 밖에 있는 것인가? 몸을 움직이는 것인가? 장비인가? 이 질문들에 대한 대답은 오직 자신만이 할 수 있으며, 이는 돈을 이해하는 여정의 첫걸음이 될 것이다.

돈, 음식, 그리고 절제의 기술

돈을 불리는 원칙은 매우 단순하다. 버는 것보다 덜 쓰고, 최고의 직업을 얻고, 저축한 돈을 가장 저렴하고 단순한 주식과 채권에 투자하고, 그리고 중독이나 이혼처럼 돈을 갉아먹는 함정에 빠지지 않는 것이다. 마지막으로 충분히 모았다 싶을 때 은퇴하고, 남은 돈을 자녀와 나누면 된다.

이 조언은 과식하지 말고, 채소 위주의 식단을 실천하라는 말처럼 간단하다. 그러나 부유한 나라일수록 과체중인 사람들이 많고, 돈이 부족하다고 느끼는 이들도 많다. 단순한 조언은 현실과 동떨어져 있다.

건강한 식습관을 실천하는 것은 어렵다. 우리는 풍요로운 시대를 살고 있음에도 결핍을 자주 느낀다. 식품 산업만 봐도 제조 과정에서 설탕처럼 중독성 있는 재료를 잔뜩 넣어 우리의 건강을 해치는 음식을 쏟아내고 있다. 단순히 어떤 음식을 취사선택하는 것은 건강한 식습관이 아니다. 상황에 따라 생각을 달리하고, 절제하고, 가벼운 배고픔 정도는 견디는 것이다.

하지만 다이어트 책만 봐도 체중 감량이 쉽다고 유혹한다. 체중계는 분명히 체중 감량에 도움을 주지만, 다이어트 책들은 그것을 멀리하라고 조언한다. 그러고선 체중 감량이 쉽다는 점만 강조한다. 그러나 다이어트는 절대 쉽지 않고, 앞으로도 그럴 것이다.

돈도 마찬가지다.

돈의 본질

돈이 가진 근본적 속성 중 하나는 결코 안정적이지 않다는 것이다.

한 달 전까지만 해도 100달러였던 주식이 오늘 10달러로 떨어질 수도 있다. 제너럴 일렉트릭처럼 안정적인 직장으로 여겨졌던 회사들도 재정적으로 취약해질 수 있다. 말의 고삐나 기계의 내연기관을 제작하는 회사들도 과거에는 선망의 대상이었지만, 이제는 전기차가 자동차를 대체할 미래가 다가오면서 사라질 위기에 처해 있다.

오랫동안 지속된 것은 영원할 것으로 여겨지기 쉽다. 예를 들어 19세기 유럽은 상대적으로 안정적이었지만, 제1차 세계 대전을 기점으로 급격한 변화와 많은 혼란을 겪었다. 1980년부터 2020년까지 이어진 인플레이션 감소 역시 사람들로 하여금 인플레이션을 문제로 여기지 않게 만들었다. 그러다 코로나 팬데믹이 찾아왔고, 상황은 완전히 달라졌다.

이런 변화는 엄청난 부의 손실을 초래한다. 이를 머리로 이해하는 것은 쉽지 않으며, 정서적으로 받아들이는 것 또한 큰 도전이다. 우리는 돈에서 안정감을 얻길 원하지만, 돈은 구조적으로 그런 안정감을 제공하지 않는다.

돈과 삶의 불안정성

모든 것은 불안정하다. 당신의 직장은 물론, 자산도 마찬가지다. 당신이 사는 나라조차도 불안정할 수 있다.

그중 당신 자신이 가장 불안정할 수도 있다. 건강하게 살고 있다가도 어떤 불의의 사고를 당할지 모른다. 꾸준히 돈을 벌다가도 하루아침에 저축해둔 돈에만 의존해야 할 수도 있다. 평소에는 아무렇지 않게 올랐던 계단도 발목을 삐면 커다란 문턱처럼 느껴지는 것처럼, 상황이 변하면 돈도 다르게 느껴진다. 이런 혼란한 상황 속에서도 무사히 살아남는 사람도 있지만, 완전히 무너지는 사람도 있다. 자신이 속한 구조 자체가 얼마나 불안정한지 깨닫지도 못한 채 말이다.

역사 속에서 반복된 불안정성

내가 지금 이 글을 쓰고 있는 이 순간은 독일 같은 고도로 발달한 국가가 광인을 지도자로 뽑은 지 100년도 채 지나지 않은 시점이다. 그는 수많은 사람들의 삶과 부를 말살하며 지구상에 지옥을 만들어냈다. 그리고 독일뿐만 아니라, 수많은 곳에서 수백만 명의 사람들이 그를 열광적으로 지지했다.

그는 몰락했지만 사람들은 변하지 않았다. 독일에서 일어난 일은 세계 어디에서도 일어날 수 있다. 실제로 그와 같은 방식을 취한 이들이 1930년대에는 이탈리아에서, 1970년대에는 칠레에서, 1990년대에서는 르완다에서, 그리고 우리가 살고 있는 2020년대에는 러시아에서 나타났다.

이런 불편한 진실은 돈을 다루는 대다수의 책에서 언급되지 않는다. 이유는 간단하다. 현실을 직시하는 것은 불편하며 심지어 신경을 곤두세우는 일이기 때문이다.

그러나 이 진실을 외면해서는 안 된다.

돈의 겉모습과 그 이면의 혼란

돈과 관련된 기관들은 무거운 대리석 기둥, 강철과 돌로 만들어진 견고한 외관을 갖추고 있다. 이는 그 이면에 숨겨진 혼란스러운 현실을 감추려고, 마치 로마의 콜로세움처럼 영구적으로 보이기 위한 의도가 숨겨져 있다. 마찬가지로 금융 전문가들도 말쑥한 정장과 넥타이 차림으로 신뢰를 주지만, 그들역시 불안정하고 끊임없이 변하는 미래에 대해 오로지 확률에만 판단을 내리는 사람들에 불과하다.

시스템을 이해하라

혼란에 휩쓸리지 않으려면 우리는 시스템의 작동 방식을 이해해야 한다. 눈사태가 발생하기 쉬운 지역에서 스키를 타는 것과 비슷하다. 눈사태는 아무런 이유 없이 발생하지 않는다. 모든 문제에는 명확한 원인이 있고, 그 원인을 아는 자는 눈사태에 휩쓸리지 않는다. 그 원인 중 일부는 구조적인 문제이고, 일부는 역사적인 것이며, 일부는 심리적인 것이다. 쉽게 일어나지 않는 변수도 엄청난 영향을 미치기도 한다. 갑자기 찾아온 폭풍으로 눈사태 위험이 기하급수적으로 커지는 것처럼 말이다.

시스템을 이해하기 위해서는 부분이 아니라 전체를 봐야 한다. 나조차도 대학원을 경제학으로 졸업했지만 당시엔 이해하지 못한 것이 많았다. 그동안 나는 이자율처럼 사소한 정보들만 공부했을 뿐, 돈을 둘러싼 모든 것들이 어떻게 상호작용하는지 이해하려고 노력하지 않았기 때문이다.

이 책은 혼란스러웠던 시절을 겪은 나의 경험에서 비롯된 결과물이자, 돈을 둘러싼 모든 상호작용을 보여주려는 노력이다. 나는 면화 시장에 대해서도 전혀 몰랐고, 매일 경제 뉴스에 나오는 주식 시장이 어떻게 작동하는지조차 이해하지 못했다. 내 업무는 주식 시장과 직접적으로 연관되지 않았다. 엄밀히 말하면 주식을 이해할 필요가 없었다. 하지만 결과적으로 이것은 내게 해가 되었다.

그리고 이는 나만의 문제가 아니었다. 한번은 연방준비제도Federal Reserve의 이사를 대상으로 인터뷰를 진행한 적이 있었는데 인플레이션이나 연준의 정책에 대한 그의 답변은 완벽했다. 하지만 그의 전문 분야에서 조금 벗어나, 예를 들어 장기 금리(단기 금리가 아닌)나 주식에 관해 묻자 그의 답변에는 확신이 없었다. 실제로 시스템을 운영하는 사람조차 부분적인 지식만 가지고 있었던 것이다. 이렇게 부분적으로만 알고 있다가는 자칫하단 잘못된 판단을 내리게 된다.

이러한 지식의 공백을 메우고 이해를 넓히기 위해서는 좋은 사고의 틀, 즉 프레임워크framework가 필수적이다.

프레임워크의 필요성

돈과 관련된 대부분의 문제는 프레임워크로 단순화할 수 있다. 돈에 관한 제대로 된 지식은 서로 연결된 몇십 개의 프레임워크들로 구성된다.

가장 기본적인 돈의 문제 중 하나를 예로 들어보자. 바로 인플레이션이다. 인플레이션에 대한 일반적인 개념은 누구나 알고 있듯이, 시간이 지날수록 물가가 오르는 것이다. 그러나 단순히 의미를 너머 그 원인을 제대로 이해하려면 가격이 어떻게 형성되는지, 그리고 공급과 수요를 결정짓는 힘이 무엇인지 알아야 한다. 인플레이션은 대략 다음과 같은 공식으로 나타낼 수 있다.

인플레이션의 구성 =

유가(기름값) 25% + 주거비 25% + 임금 50%

인플레이션을 이해하려면 인플레이션을 구성하는 요소들을 먼저 알아야 한다. 각 요소는 다양한 이유로 상승하거나 하락할 수 있다. 예를 들어 인플레이션의 요소 중 하나인 기름값은 멀리 떨어진 나라의 분쟁으로 인해 오르기도 한다. 그러나 이는 인플레이션의 다른 요소인 주거비와는 무관하다.

당신은 당신도 모르는 사이 인플레이션으로 인한 재정적 타격으로 평생 힘들게 살지도 모른다. 그러나 인플레이션을 공부해 그 피해를 최소화할 수도 있다. 선택은 당신에게 달렸다.

인플레이션으로 인해 무너지지 않기 위해 주요 인플레이션 사례를 살펴보는 것은 좋은 방법이다. 예컨대, 바이마르 공화국 시대의 독일, 1970년대 미국, 코로나 팬데믹 이후 급증한 인플레이션, 그리고 신흥 시장에서 반복적으로 발생한 인플레이션 등이 그것이다. 또한, 당신의 자산을 인플레이션으로부터 보호하는 방법도 알면 유용하다. 예를 들어, 정부에서 발행하는 물가연동채권을 구매하는 것과 같은 기법들처럼 말이다.

돈이라는 시스템은 복잡하며 끊임없이 진화하고, 당신과 당신의 삶에 무관심하다. 시스템이 당신에게 맞춰주는 것이 아니기에, 당신이 시스템에 적응해야 한다. 이를 위해서는 전략이 필요하며, 다음 장들에서 그 전략을 단계별로 설명할 것이다.

첫 번째 단계는 통제할 수 있는 '마인드셋'과 통제할 수 없는 '끊임없는 혼란과 변화'를 분리하는 것이다.

끊임없는 혼란과 변화

우리가 돈에게 기대하는 것은 안정이다.
그러나 돈은 그런 안정감을 제공하지 않는다.
그러니 우리가 통제할 수 있는 것,
즉 마인드셋에 집중해야 한다.

돈을 이해하기 위한 첫걸음:
자신을 돌아볼 것

돈을 이해하기 위해서는 먼저 자신을 돌아보는 것이 중요하다. 우리는 모두 돈과 혼란스러운 관계를 형성한다. 돈은 질서에 끌리고 혼돈에 의해 밀려나긴 하지만, 그 양상은 시기와 사람에 따라 다르다. 이 혼란은 외부로부터 기인할 수 있고 내면으로부터 형성될 수 있다. 따라서 자기 감정을 객관적으로 인지하는 것이 중요한데, 그 감정은 대개 유년 시절에 형성된다.

성장 환경이 감정에 미치는 영향

어머니가 돌아가신 이후, 나는 삶이 항상 불안정했다. 그런 내게 힘이 되어준 것은 모든 상황에 이성적으로 접근하던 아버지의 모습이었다. 어머니를 잃은 것은 불운이었지만, 그런 아버지를 둔 것은 행운이었다.

아버지는 그야말로 전형적인 과학자였다. 젊었을 때는 오펜

하이머 밑에서 맨해튼 프로젝트에 참여하기도 했다. 아버지는 돈에 관해 해박한 것은 아니었지만, 최고의 교육과 검소한 삶을 지향했고, 나는 그런 아버지의 모습을 보며 그 태도를 익힐 수 있었다.

반면, 어머니가 일찍 세상을 떠난 경험은 내게 삶의 불확실성을 강하게 인식시켰다. 내 마음속 한켠에는 언제나 모든 것이 무너질 수 있다는 불안감이 자리 잡았다.

내면에 결핍이 없는 사람은 없다. 내 주변만 봐도 그렇다. 내 아내만 해도 식료품조차 구하기 어려웠던 소련에서 자랐다. 또한 그곳에서는 모두가 획일된 사고를 해야 했으며, 심지어 아내는 일코올 중독이었던 아버지 밑에서 많은 어려움을 겪으며 자랐다. 아내는 이런 시절 덕분에 돈을 실용적으로 바라보게 되었고, "돈은 많을수록 좋지만, 쓸데없이 낭비하지 말라"라는 철학을 갖게 되었다. 다른 부모들처럼, 우리도 아이들에게 근면, 절약, 그리고 교육의 중요성을 가르치려 했다.

하지만 모든 게 순탄하게 흘러가지는 않았다. 우리의 둘째 아이는 러시아 시골의 한 알코올 중독자인 미혼모로부터 태어났다. 그렇게 아이로서 받아야 할 기본적인 돌봄조차 받지 못했다. 아이는 아무리 울어도 엄마가 안아주지 않는 경험을 겪었고, 그 상처는 우리가 입양한 후에도 그 아이의 삶의 모든 면에 영향을 주었다.

또 다른 아이의 경우, 나처럼 특정한 방식으로만 배울 수 있었다. 내 난독증처럼 내 아이의 특별한 두뇌 구조는 그 아이의 학교생활을 힘들게 했다. 오히려 나보다 더 어려운 시기를 겪었을 것이다.

물론 우리 아이들이 나와 내 아내보다 훨씬 풍족하게 자란 것은 사실이다. 이는 아이들에게 더 많은 기회를 줌과 동시에, 경쟁에 대한 감각을 무뎌지게 했다. 특히, 내 아내가 살아온 것에 비하면 더욱 그랬을 것이다.

이 글을 읽는 당신도 살면서 겪은 자신만의 어려움이 있었을 것이다. 우리는 그러한 어려움을 당연한 것으로 여긴다. 그것이 우리가 감정적으로 느끼는 것이건, 물질적으로 소유한 것이건 말이다. 그러나 그것은 결코 절대적이지 않으며 오히려 임의적이다. 따라서 우리는 삶과 경험을 객관적으로 잘 인식할 필요가 있다.

침착하고 정확하게 자신을 바라보는 법

돈을 제대로 알기 위한 여정에서 첫 번째 단계는 침착하고 정확하게 자신과 주변 상황을 이해하고, 그 안에서 자신이 어떤 위치에 있는지를 파악하는 것이다. 사람들이 얼마나 다른 출발점에서 시작하는지는 가계 자산과 같은 통계만 살펴봐도 확인할 수 있다. 다음 표는 2021년 미국의 상황을 보여준다. 최하위 10%에서 태어난 사람들이 돈의 완전한 부재를 경험하는 반면, 부유한 사람들은 그 반대다. 과연 그러면 중간인

50%에 속한 사람들은 스스로를 어느 쪽에 속한다고 여길까?

미국의 소득별 자산 보유(2021년 기준)

10%: 0달러

25%: 1만 6,500달러

50%: 16만 6,900달러

75%: 60만 4,900달러

90%: 162만 3,000달러

(출처: 미국 인구조사국)

침착함과 전략적 사고의 중요성

차이는 출발점부터 시작한다. 쥐 떼가 지나다니는 동네와 그렇지 않은 동네에서 사는 것은 분명히 다르다. 앞서 말했듯 돈이 전부는 아니지만, 결코 외면할 수 없는 요소임은 확실하다. 교육을 받은 가정과 그렇지 못한 가정, 정신적으로 건강하지 않은 가정과 그렇지 않은 가정 간에도 비슷한 차이가 존재한다. 이것이 현실이다.

이런 인과 관계는 양방향으로 작용한다. 돈이 많으면 교육에 더 쉽게 접근할 수 있지만, 하위 계층이 상위 계층으로 올라가는 경우는 우연에 의해 일어나지 않는다. 전략이 필요하다.

혼란스러운 환경에서 출발할수록, 차분하게 전략을 세우기 어렵다. 다행히 마음을 차분히 가라앉히고 약점을 극복하는 방법은 있다. 충분한 수면, 균형 잡힌 식단, 운동, 심리 상담, 요가, 명상 등은 모두 마음을 훈련해 차분함을 유지할 수 있게 해주고, 머릿속을 혼란스럽게 하는 생각들을 단순한 걱정일 뿐, 현실이 아니라는 점을 인식하게 돕는다. 신앙 역시 도움이 된다.

말로는 간단해 보이지만 이는 결코 쉽지 않다. 나와 내 아내를 비롯한 많은 사람들은 수십 년 동안 차분한 마음을 갖기 위해 노력했다. 차분할수록 돈을 더 잘 다룰 수 있다는 것을 깨닫는 것이 첫 번째 단계다.

감정적 기복을 다루는 방법

올림픽 선수들의 폐활량이 남다른 것처럼, 빌 게이츠, 워런 버핏, 그리고 내 옛 상사인 레이 달리오 같은 미국의 억만장자들은 돈을 잘 다룰 수 있는 선천적 기질을 지녔을 가능성이 높다.

나는 의사가 아니므로 정확한 진단을 내릴수는 없지만, 그들은 어떤 면에 있어서는 내 아버지를 연상시킨다. 나는 아버지가 아스퍼거 증후군을 앓았을 것으로 의심하는데, 이 증후군의 특징 중 하나는 감정 표현이 약하고 분석적 사고가 뛰어나다는 점이다. 즉 아스퍼거 증후군을 앓는 사람들은 컴퓨터처럼 큰 감정적 동요 없이 오로지 논리적으로만 사고한다. 이런 기질은 돈이나 과학 분야에서는 유리하지만, 깊은 인간관계를 맺는 데는 도움이 되지 않는다. 아버지가 어머니와 결혼하기 전 두 번이나 이혼한 것이나, 어머니가 돌아가신 후에도 재혼하지 않은 것은 이런 이유 때문일 것이다.

반면 나처럼 감정적 변화가 잦은 사람이라면, 불안한 생각을 관리하는 법을 배우는 것이 중요하다. 나는 내가 항상 침착할 수 없다는 사실을 일찍이 받아들였다. 하지만 감정적으로 변화가 있거나 내 생각이 논리적이지 않게 되는 순간을 인식할 수 있는 능력은 갈수록 향상되고 있다.

이런저런 생각이 자주 든다면 그것을 돈, 인간관계, 건강 등 범주별로 나누는 것도 좋다. 또한 항상 큰 그림을 생각하는 습관을 들이자. 나는 건강한 사람이고, 소중한 사람들이 곁에 있으며, 내가 좋아하는 일을 하고 있다는 사실을 스스로 상기시키자. 이처럼 차분함을 유지하기 위해서는 꾸준한 노력이 필요하다.

우리 아이들도 각자의 혼란 속에서 태어났고 앞으로 더 많은 변화를 맞이할 것이다. 아마 우리 모두가 그럴 것이다. 돈을 다루는 여정은 이러한 변화에 어떻게 대처할 것인지와 깊이 연관되어 있다.

슘페터의 창조적 파괴

마음이 차분할수록 외부의 경제적 변화와 혼란을 이해하기가 쉬워진다. 기업가는 돈을 벌기 위해서라면 차분히 분석하여 기존과는 다른 방식으로 행동해야 하며, 때로는 강력한 동기 부여가 필요하기도 하다. 어느 정도 위험이 있겠지만, 그 위험을 감수할 각오가 없다면 아무것도 얻을 수 없다.

기술의 발전은 이러한 변화를 끊임없이 만들어 낸다. 컴퓨터의 등장으로 온라인 쇼핑과 교통 내비게이션 같은 새로운 산업이 생겨났듯, 과거에는 내연기관의 등장으로 산업이 뒤바뀌었다. 오늘날에는 인공지능^AI 이 그 변화를 주도하고 있다.

기술의 혁신은 늘 승자와 패자를 만들어낸다. 누군가는 새로운 기회를 얻는 반면, 누군가는 일자리를 잃는다. 어떤 투자자는 부를 쌓고, 또 다른 투자자는 막대한 손실을 입는다. 우버가 성장하면서 기존 택시 업계는 타격을 입었다. 마이크로

소프트가 성공하면서, 타자기를 만들던 올리베티 같은 기업은 사라졌다.

변화 속에서 승자가 된 사람에게는 이러한 흐름이 자연스러운 질서처럼 보이지만, 패자의 입장에서는 불공정하게 느껴질 수도 있다. 그러나 이러한 혼란을 완전히 해결할 수 있는 쉬운 방법은 없다.

이 변화를 가장 널리 설명한 경제학자는 조지프 슘페터Joseph Schumpeter다. 그는 1930~1940년대에 '창조적 파괴creative destruction'라는 개념을 대중화했다. 이는 경제가 끊임없이 변화하며, 기존 산업이 사라지고 새로운 산업이 등장하는 과정을 뜻한다. 마차에서 자동차, 그리고 전기차로의 전환처럼 말이다.

슘페터가 이 개념을 정리하던 당시에는 생소한 개념이었지만, 자세히 살펴보면 누구나 명확히 인식할 수 있는 흐름이었다. 만약 당신이 몸담은 분야가 급격한 변화를 맞닥뜨린다면, 슘페터를 떠올려 보자.

인류의 역사에서 생산성은 대체로 완만한 변화를 거쳤다. 한 사람이 생산하는 산출량의 장기적인 변화 그래프는 비교적 평탄했지만, 산업혁명은 급격한 변동을 일으켰고, 오늘날 우리는 여느 때보다 빠르게 변화하는 사회 속에 살고 있다. 우리는 보통 안정적이고 예측할 수 있는 삶을 원하지만, 경제적 변화와 부의 증가는 기본적으로 불확실하다.

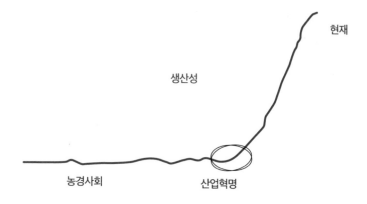

생산성

현재

농경사회

산업혁명

워싱턴 포스트 이야기

나는 내 삶에서 수많은 창조적 파괴를 목격해왔다. 그리고 독자들 역시 앞으로 그러한 변화를 경험할 것이다. 특히 AI의 발전은 이 변화를 더욱 가속화할 가능성이 크다.

내가 경험한 첫 번째 창조적 파괴 중 하나는 〈워싱턴 포스트〉 배달 아르바이트였다. 초등학교 4학년 무렵, 나는 형과 함께 새벽에 일어나 배달 트럭이 인쇄소에서 가져온 신문을 내려놓는 동네 모퉁이로 걸어갔다. 배달 기사는 헐렁한 스웨트셔츠를 입은 뚱뚱한 남자였고, 그의 트럭에서는 항상 갓 인쇄된 신문의 냄새가 퍼져 나왔다.

나는 신문 묶음을 풀며, 마치 신의 계시를 받듯 헤드라인을 읽었다. 실제로 당시 〈워싱턴 포스트〉는 닉슨 대통령의 사임을 이끌어냈을 만큼 영향력있고 중요한 언론사이기도 했다.

하지만 내가 대학에 입학할 즈음, 예기치 않은 변화가 찾아왔다. 인터넷이 등장하며 〈워싱턴 포스트〉가 장악하고 있던 분류 광고 시장이 무너진 것이다. 〈워싱턴 포스트〉의 매출이 급격히 감소했고, 경쟁이 폭발적으로 늘어나면서 신문사는 오랜 쇠퇴의 길을 걷게 되었다. 결국 〈워싱턴 포스트〉는 인터넷 혁신가 제프 베이조스Jeff Bezos에 의해 인수되었다.

이러한 급격한 변화는 사회적 혼란을 초래한다. 그리고 소련이나 북한처럼 변화를 과하게 통제하려는 사회는 결국 극심한 부의 감소를 겪는다. 사람들을 통제하기 위해 점점 더 강한 억압을 시행하다가, 결국 더 큰 불안정성을 야기하기 때문이다.

선택에는 언제나 대가가 따른다. 위험 회피에도 비용이 따르고, 과도한 위험 감수에도 비용이 따른다. 이 둘 사이의 균형을 유지하는 일은 매우 섬세하게 이뤄져야 한다.

안정과 혼란

자본주의는 끊임없이 변화를 초래한다. 하지만 어떤 사람들은 그 변화 중 민간적 차원에서 일어나는 혼란만은 피하려고 한다. 내 아버지가 대표적인 경우인데, 아버지는 상대적으로 덜 혼란스러운 정부 공무원을 직업으로 택했다. 비록 보수는 민간에서 일하는 것에 비해 낮았지만 말이다. 그리고 이 간극은 노동 시장과 자산 시장 모두에게 적용되는 원리이다.

시장은 시간을 거쳐 경쟁을 통해 우리의 돈과 안정에 대한 욕구 사이 균형이 맞는 적정한 가격을 찾는다. 혁신은 이런 새로운 간극 사이에서 적절한 균형을 찾는 노력에서 비롯된다. 만약 공무원의 임금이 너무 높으면, 그 누구도 리스크를 감수하거나 성장을 위해 일하지 않을 것이다. 그럼에도 정부는 좋은 인재를 등용하기 위해서는 경쟁력 있는 임금을 제공해야 한다.

반대로, 정부가 공무원에게 너무 낮은 임금을 제공하면 부패가 발생하기 쉽다. 이런 관성은 피할 수 없는 자연스러운 법칙이다. 시장의 규칙을 부정하거나 억누를 수 있는 사람은 없고, 오직 이해하고 협상할 수 있을 뿐이다. 그리고 이런 원리를 이해할수록 그나마 더 나은 선택을 할 수 있다.

혼란스러운 경제적 상황 속에서 사회는 흔히 '경제 위기'로 불리는 격렬한 변화를 겪는다. 이는 흔히 '경제 위기'로 불린다. 내가 목격한 그런 위기들은 1998년 아시아 금융위기, 2000년 닷컴 버블 붕괴, 2008년 금융위기, 그리고 코로나 팬데믹과 같은 위기이다.

지금은 이러한 사건들이 위키피디아에 기록되어 있지만, 당시에는 미치도록 두려운 상황이었다. 평생 열심히 일해 10만 달러(약 1억 원)를 저축했지만, 며칠 만에 수만 달러가 사라지는 상황을 생각해 보자. 끔찍하지만, 충분히 우리에게도 닥칠 수 있는 위기이다.

사회가 경제적인 혼란을 겪으면, 개인들에게도 그 영향이 깊숙이 미친다. 나 역시도 금융위기 속에서 방향을 잃어 잦은 두통을 앓았다. 이는 나의 감정적 회복력이 부족했음을 보여준다. 모든 것은 연결되어 있다.

창조적 파괴와 그로부터 불가피하게 발생하는 위기를 이해하면 현실적인 목표를 더 잘 세울 수 있다. 모든 일이 잘 풀릴 것이라고 기대하지 마라. 물론 일부는 매우 성공적으로 흘러

갈 것이다. 하지만 개인적인 삶에 있어서나, 경제적인 삶에 있어서나 때로는 일이 끔찍하게 잘못될 수 있을 것이다. 그래도 놀라지 말아야 한다.

금융위기의 원리

심리학자들이 사람들의 마음을 연구하듯, 뛰어난 투자자들은 금융위기의 본질을 이해하려고 한다. 여기서 말하는 위기는 수백만 명이 실직하고 주식 시장이 폭락하거나, 반대로 투기 열풍이 일어나는 등 거대한 혼란을 초래하는 것이다. 호황과 불행에 있어 다양한 유형이 있듯, 그것이 발생하는 이유에 있어서도 다양한 이론이 있다.

내가 일했던 헤지펀드 브리지워터Bridgewater의 창립자 레이 달리오Ray Dalio는 대공황에 대해 깊은 경각심을 갖고 있었다. 그도 나처럼 대공황에 깊은 경각심을 가진 아버지 밑에서 자랐고 그 경험은 레이에게 깊은 영향을 미쳤다. 레이는 이런 위기가 부채로부터 반복적으로 발생한다고 믿었다.

부채는 동시에 두 가지를 만들어낸다. 하나는 현재의 소비, 그리고 다른 하나는 미래의 현금 창출 의무다. 내가 지출한 돈은 다른 사람의 수익이 되고, 이 과정은 경제를 순환시키며 상호 강화하는 구조를 만든다. 즉, 부채를 통해 경제가 활성화될 수도 있지만, 반대로 빠르게 부채를 청산해야 하는 상황이 오면 대규모 경기 침체가 발생할 수도 있다.

대부분의 경제 시스템에서는 부채 규모가 소득이나 현금보다 훨씬 크다. 만약 모든 경제 주체가 집단적으로 부채를 상환하려 하면 소비는 급감하고, 현금 흐름이 마르며 경제 활동이 둔화된다. 이러한 이유로 금융 시스템은 본질적으로 불안정하며, 레버리지(차입금) 자체가 이러한 불안정을 초래한다.

2024년 기준 미국 경제 규모는 약 25조 달러에 이른다. 그러나 이 경제를 떠받치는 부채는 약 100조 달러에 달한다. 만약 모든 경제 주체가 동시에 부채를 줄이려 한다면 경제 활동은 붕괴할 것이다.

레이(그리고 그 이전의 여러 경제학자들)는 경제 성장이 순환적cyclical이라고 믿었다. 즉, 경제는 계절이 변하는 것처럼 일정한 주기를 따라 움직인다. 경제가 과열될 때(대개 부채가 급격히 증가하는 시점), 소비가 늘어나고 인플레이션이 상승한다. 이에 따라 중앙은행은 금리를 인상해 부채의 증가 속도를 늦추고, 이를 통해 경제 활동 둔화를 유도한다. 반대로 경기가 식으면 금리를 낮춰 경제를 다시 활성화하는 방식이다.

나는 처음 브리지워터에 입사했을 때 코네티컷 숲속의 창문 없는 사무실에 앉아 레이의 사고방식을 이해하려 애썼다. 그의 오래된 발표 자료를 연구하고 녹음된 대화를 들으며 한 가지 중요한 깨달음을 얻었다. '틀을 가지면 사고의 깊이가 달라진다.'

뉴스는 사실들을 단편적으로만 나열하고, 그것들이 어떻게 연결되는지는 설명하지 않는다. 반면 레이는 한 발짝 물러나 본질적인 질문을 던지는 사람이었다.

"경제는 어떻게 작동하는가?"

레이의 분석이 항상 옳았던 것은 아니지만, 그의 마인드셋을 접한 것만으로도 내 사고방식에 큰 변화가 있었다. 현실 세계는 무한히 복잡하지만, 이를 단순하게 인식할 수 있는 이론을 세우고 시장에서 검증하는 과정이 중요하다는 점이 깊이 와닿았다.

내가 얼마나 잘 이해했는지 검증하기 위해 레이와 그의 팀원들은 나에게 일련의 구두 시험을 치르게 했다. 학창 시절에는 꽤 좋은 성적을 받았던 나였지만, 여기서는 완전히 무너졌다. 이 시험은 단순한 평가가 아니라, 일종의 신고식과도 같았다.

그러면서 나는 점차 경제에서 극심한 침체기^{violent downcycle}는 자주 발생하지 않는다는 것을 깨달았다. 대공황^{Great Depression}이 대표적인 사례였고, 2008년 금융위기 역시 마찬가지였다. 이러한 격변의 패턴을 인식하고 원인을 이해하는 것은 엄청나게 귀중한 배움이었다.

예측의 한계

레이는 단순한 데이터 분석가가 아니었다. 그는 호기심이 많았고, 경험으로부터 얻는 배움을 중요하게 여겼다. 브리지워터에서 일하던 초창기에, 그는 나를 베이징의 한 고급 회의

실로 데려갔다. 검은 가죽 의자가 놓인 그곳에서 우리는 중국 정부 관계자들과 회의를 가졌다. 레이는 라디오 아나운서 같은 중저음의 목소리로 말했다.

"2008년 금융위기는 전 세계적으로 심각한 경제적 타격을 입혔습니다. 특히 미국 경제는 완전히 끝장났습니다." 중국 측 인사들도 조용히 경청했으나, 레이의 이 예측은 틀렸다. 미국 경제는 2008년 위기로부터 예상보다 훨씬 빠르게 회복했고, 생활 수준은 오히려 더 높아졌다.

경제의 불확실성과 변동성을 예측하는 것은 결코 쉽지 않다.

조지 소로스와 반사성 이론

유명한 투자자인 조지 소로스George Soros는 또 다른 관점에서 경제 시스템의 불안정을 설명했다. 나는 몇 차례 그와 소규모 모임에서 만나 이야기를 나누었다. 그는 대화에서는 명쾌하고 날카로운 통찰을 보였지만, 그의 글은 다소 난해했다.

소로스의 핵심 이론은 '반사성反射性, reflexivity●'이었다. 나는 그의 저서 『금융의 연금술』을 여러 번 읽었는데, 처음에는 도무지 이해할 수 없었지만 반사성이 다음과 같은 의미라고 이해했다.

소로스는 시장이 구조적으로 불안정한 것이 반사성이라는

●　　자극에 대하여 의식과 상관없이 기계적으로 반응하는 성질.

개념 때문이라고 보았다. 그는 가격이 상승하면 투자자의 심리가 낙관적으로 변해 더 많은 매수가 유입되고, 반대로 가격이 하락하면 비관적인 심리가 확산되어 더 많은 매도가 발생한다고 보았다. 이러한 자기강화적self-reinforcing 과정이 시장의 변동성을 키운다는 것이 그의 핵심 주장이다.

'연금술Alchemy'이란 가치가 낮은 것(납)을 가치가 높은 것(금)으로 바꾸는 과정을 의미한다. 소로스의 개념도 이와 비슷하다. 그는 경제가 상승 국면일 때, 그 흐름이 자기 강화적으로 작용한다고 보았다.

레이는 부채debt에 집중했지만, 소로스는 자산 가치asset value와 심리心理에 주목했다. 예를 들면 다음과 같다.

- 내가 어떤 주식을 매수하면, 가격이 오른다.
- 가격이 오르면, 나는 더 부자가 된 기분이 든다.
- 부자가 된 기분이 소비를 촉진하고, 더 많은 사람들이 주식을 매수한다.
- 주가가 오르면, 사람들은 그 주식을 더 좋아하게 된다.

사실 논리적으로 보면, 주가가 오를수록 투자의 매력도는 줄어들어야 한다. 가격이 더 비싸졌기 때문이다. 그러나 인간의 심리는 정반대로 작동한다.

소로스의 핵심 메시지는 다음과 같다. "경제 시스템은 본질적으로 불안정하다. 그 이유는 반사성 때문이다." 더 나아가, 나는 이를 '인간의 심리'라 해석하고, 여기에 '혁신'을 덧붙이고 싶다. 결국 투자자로서 돈을 벌기 위해서는 군중심리에 휩쓸리지 않고, 시장의 감정 변화(낙관과 절망)를 읽어야 한다.

변동성과 경제의 불확실성에 대처하는 법

세상을 움직이는 혼란스러운 힘은 많다. 개인적인 요인뿐만 아니라 부채 급증, 주식 거품 같은 외부 경제 요인까지 고려해야 한다. 상황은 순식간에 바뀔 수 있다. 러시아는 한때 번창하는 주식 시장을 가졌지만, 1917년에 붕괴했다. 독일 경제는 탄탄했지만, 1923년에 무너졌다. 미국의 주택 시장도 견고해 보였지만, 2008년 금융위기로 큰 타격을 입었다.

이처럼 급변하는 세상을 이해하는 데 유용한 개념은 '변동성volatility'이다. 변동성은 변화의 속도를 의미하며, 일반적으로 금융 분야에서 사용된다. 예를 들어, 뛰어난 트레이더는 자산 가격의 변동 범위를 예상하며 투자 전략을 세운다. 하지만 변동성 개념은 단순히 금융 시장에만 적용되는 것이 아니다. 직업, 저축, 심지어 건강까지도 변동성을 갖는다.

금융에서 변동성을 볼 수 있는 대표적인 예는 채권과 주식의 차이이다. 단기 국채는 주식보다 변동성이 낮다. 즉, 시장이 나빠지는 해에는 주식보다 적게 손실을 보거나 오히려 수익을 낼 가능성이 있다. 반면, 기술주 중심의 나스닥^{NASDAQ} 지수는 한 해 동안 30% 가까이 하락하는 일이 드물지 않다. 중요한 것은 상황이 얼마나 급격하게 변할 수 있는지 인식하는 것, 즉 트레이더들의 표현을 빌리자면 "시장의 변동성을" 아는 것이다.

금융 시장의 변동성은 개인의 삶에서도 그대로 나타난다. 때로는 금융 시장과 개인적 삶의 변동성이 동시에 몰아칠 수도 있다. 일자리를 잃고, 건강이 나빠지고, 주식 시장이 폭락하는 일이 한꺼번에 일어날 가능성도 있다. 물론 드문 일이지만, 완전히 배제할 수도 없다. 심지어 살고 있는 나라 자체가 붕괴할 수도 있다. 러시아는 1917년에 그런 일을 겪었고, 베네수엘라는 최근 수십 년간 그런 일을 겪고 있다.

변동성은 피할 수 없다. 그렇기 때문에 돈을 잘 다루는 첫걸음은 변화가 닥쳤을 때 침착함을 유지하는 것이다. 그래야만 차분하고 명확한 생각을 할 수 있다. 물론 불안해지지 않을 수는 없다. 나 역시 그랬고, 지금도 그렇다. 하지만 불안에 휩싸여 무력해지는 것과, '지금 불안함을 느끼고 있구나'라고 인식할 수 있는 것에는 엄청난 차이가 있다.

이처럼 갑작스러운 변화는 정확히 예측할 수 없지만, 예측할 수 없는 변화 자체를 삶의 일부로 받아들이면 훨씬 더 효과적으로 대응할 수 있다. 그리고 불안함과 평온함의 차이를 깨닫게 되면, 차분한 상태에서 수입, 저축, 은퇴 계획을 세우는 전략을 마련할 수 있다.

다음 장에서는 수입을 효과적으로 관리하는 방법에 대해 이야기해 보겠다.

소득

돈을 벌기 위해서는 자신이
생계를 유지하는 데 필요한 금액이 얼마인지,
어떤 일을 제공할 수 있는지,
그리고 시간이 흐르면서 직업과 급여가
어떻게 변하는지를 아는 것이 중요하다.

일이란 자유를 돈과 맞바꾸는 것

돈과 관련된 감정을 이해하고 주변 상황을 관찰하는 법을 익혔다면, 이제 다음 질문은 '어떻게 돈을 벌 것인가'이다.

일은 결국 자유를 돈과 교환하는 것이다. 그렇다면 어떤 교환이 적절한 교환일까? 물론 일이 단순히 돈을 버는 것 이상의 의미를 가지는 경우도 있다. 동료들과 함께하며 얻는 경험도 있고, 때로는 예상치 못한 즐거움도 있다.

내가 자전거 배달원으로 일할 당시, 동료 배달원들끼리 무전으로 주고받는 대화가 내게 큰 재미를 주었다. 예상하지 못했던 작은 보너스였다. 기자 생활을 할 때는 급여가 형편없었지만, 그 덕분에 미하일 고르바초프, 빌 클린턴, 토니 블레어 같은 인물들과 같은 공간에 있을 기회를 얻었다. 또 내 이름이 신문 기사에 실릴 때면, 조금은 쑥스럽지만 뿌듯함을 느끼기도 했다.

나는 목수, 교사, 청소부, 바텐더, 등산 가이드, 은행원, 투자자까지 다양한 직업을 경험했다. 그러면서 일찍이 한 가지 중요한 사실을 깨달았다. 나는 대학원까지 졸업했음에도 불구하고, 형편이 좋지 않았다. 여전히 아내, 아들과 함께 뉴욕 브루클린의 원룸에서 살았고, 아들은 방에서, 아내와 나는 부엌 바닥에서 잠을 잤다. 그곳에서 나는 쥐들과 마주쳤고, 아무리 열심히 일해도 돈을 많이 벌 수 없는 경우도 있다는 것을 알았다.

이와 더불어, 나는 돈을 벌기 위해서는 다음 네 가지를 고려해야 함을 깨달았다.

1. 나에게 필요한 돈은 얼마인가?
2. 나는 어떤 가치를 제공할 수 있는가?
3. 어떤 일로 더 많은 돈을 벌 수 있는가?
4. 직업과 급여는 시간이 지나면서 어떻게 변화하는가?

이 요소들을 하나씩 살펴보자.

1.
생계를 유지하는 데 필요한 금액을 정확히 파악하라

여기서 중요한 것은 정확한 숫자이다. 최소한의 생활비를 구체적으로 계산해야 한다. 엑셀이나 가계부 앱을 활용해 정리하면 좋다. 나는 수십 년 동안 스프레드시트로 가계부를 관리해왔다. 살을 빼기 위한 방식들은 귀찮지만 효과적인 것처럼, 돈 관리도 마찬가지다. 내 지출 항목은 다음과 같다.

신용카드
건강보험
부동산세
여행비
주택 유지보수
식비
주택 보험

정원 관리

외식비

의료비

세무사 비용

전기세

가스비

휴대전화 요금

헬스장 이용료

TV 요금

치과 치료비

자동차 보험

관리비

수도 요금

나는 이 항목들을 매달 기록하며 평균 금액을 확인하고, 불필요한 지출을 줄였다.

지출뿐만 아니라 자산과 부채도 함께 관리해야 한다. 내 스프레드시트의 두 번째 부분은 다음과 같다.

저축액

퇴직연금 및 장기 성과급

주택 가치

부채(빚)

순자산

첫 번째 표는 최소한의 생활비를 계산하는 것이고, 두 번째 표는 현재 얼마나 여유가 있는지를 보여준다. 만약 수입이 갑자기 0원이 된다면, 얼마나 버틸 수 있을까? 저축은 할수록 더욱 좋은 완충장치가 되며, 일정 시간이 지나면 저축 자체가 수익을 내기 시작한다.

부자들의 공통점은 바로 사람들이 반드시 필요로 하는 자산을 소유하고 있다는 것이다. 예를 들어, 부동산을 가진 사람들은 세입자로부터 임대료를 받고, 기업의 주식을 보유한 사람들은 필수 소비재를 판매하는 기업의 수익을 공유받는다.

누군가는 신용카드 대금을 갚느라 허덕이고, 또 다른 누군가는 신용카드 회사의 주식을 보유해 배당을 받는다. 결국 중요한 것은 돈을 쓰는 사람이 아니라, 돈을 받는 사람이 되는 방법을 찾는 것이다.

한 번에 모든 걸 이룰 수 없다. 불필요한 지출부터 줄여보자. 누군가는 내 소비 내역을 보고 "여행과 외식도 포함돼 있는데?"라고 물을 수도 있다. 맞다. 하지만 그런 지출은 어느 정도 저축이 쌓인 뒤에야 추가한 것이지, 처음부터 있었던 건 아니다. 그때는 사치스러운 데이트 대신, 스타벅스에서 커피 한

잔을 함께하는 것만으로도 아내와 나는 만족했다.

우리는 대부분 첫 직장에서 낮은 급여를 받는다. 처음부터 높은 연봉을 받는 경우는 극히 드물다. 설령 그렇다 해도, 사회생활을 막 시작한 사람에게는 저축해야 할 목표가 많다. 그렇기에 절약은 필수다.

할아버지는 내게 절약의 본보기를 보여준 사람이었다. 카키색 바지를 즐겨 입던 할아버지는 전직 권투 선수였으며, 두 차례의 세계대전, 대공황, 그리고 1970년대의 대인플레이션^{Great}을 겪으며 살아남았다. 나는 그런 할아버지를 보며 많은 것을 배웠다.

특히, 할아버지가 아침으로 밀알과 차를 드시던 모습이 기억에 남는다. 워싱턴 D.C.의 부엌에 흐릿한 빛이 들어오는 가운데, 나는 조부모님들 중 가장 건강하셨던 할아버지를 올려다보며 식사하시는 모습을 지켜봤다. 그리고 형과 나는 종종 아빠에게 시리얼을 사달라고 조르곤 했다. 밀알이 뭔지는 몰랐지만, 적어도 설탕이나 화학 첨가물이 들어간 시리얼보다 훨씬 단순하고 건강한 음식이라는 건 알 수 있었다.

할아버지는 살아가는 데 많은 돈을 쓰지 않았다. 헬스장이 아니라 아침 산책과 맨몸 운동으로 신체 건강을 관리했다. 가끔 형과 나는 할아버지가 산책을 나가실 때 따라갔는데, 걸음을 따라잡기가 어려웠다. 7살의 짧은 다리로 할아버지를 쫓아가는 것은 힘들었지만, 할아버지의 아침 운동 습관은 내게 깊이 남았다.

할아버지는 TV도 보지 않았다. 대신 도서관에서 책을 빌려 읽었다. 겨울옷도 없었다. 겨울이 되면 따뜻한 곳, 멕시코 시골로 떠났다.

초등학생 때부터 형과 나는 암벽 등반을 시작했는데, 그때 자연으로부터도 절약에 관해 배웠다. 캠핑과 야외 활동을 즐기며, 자연 속에서 정말 필요한 것이 무엇인지 배웠다. 음식, 텐트, 울로 된 따뜻한 옷, 방수 재킷 같은 기본적인 것들이 전부였다.

자연의 혹독함은 꼭 필요한 것과 불필요한 것을 명확하게 구분해준다. 예를 들어, 푹신한 매트리스는 없어도 살 수 있지만, 깨끗한 물은 꼭 필요하다. 현대 사회에는 TV나 외식처럼 없어도 되는 것들이 넘쳐난다. 물론 어느 정도의 경제적 여유가 생기면 이런 것들을 즐길 수도 있다. 하지만 초기에는 이런 불필요한 소비가 돈을 빼앗아 간다.

가난하게 자란 사람들은 이런 사실을 직관적으로 안다. 내 아내처럼 어려서 가난을 경험한 사람들은 자연스레 절약하는 습관을 들인다. 반면 중산층에서 자란 나는, 이런 기본적인 진리를 직접 체험할 기회가 없었다.

안정적인 삶을 위해 필요한 최소 비용이 얼마인지 계산해야 한다. 기본적인 주거비, 식비, 의료비는 필수 항목이다. 그리고 그 비용이 얼마인지 정확한 숫자로 파악하는 것이 중요하다.

2.
당신은 무엇을 제공할 수 있는가?

학교는 당신이 무엇을 특별하게 잘하는지 재능을 알려주지 않는다. 대신, 무엇을 못하는지를 알려준다. 학교 교육은 정보를 분류하고 암기한 후 이를 재생산하는 과정이다. 정보를 빠르게 습득하고 체계적으로 정리하는 능력이 뛰어나야 좋은 성적을 받을 수 있다.

교사들은 이 말에 불만을 느낄 수도 있다. 물론, 교육 과정을 거치고 나면 세상을 더 깊이 이해할 수 있다. 하지만 이 과정은 개인의 특별한 재능을 찾는 데 큰 도움을 주지는 않는다. 암기에 재능 있는 사람을 제외하고선 말이다.

오늘날의 근로 시장에서 경쟁하려면 자신만의 강점을 찾아야 한다. 물론 학교 교육이 어느 정도의 단서를 주기는 한다. 예를 들어, 수학이 쉽게 느껴진다면 글쓰기보다 수학 관련 직업이 더 적합할 수 있다. 하지만 수천 개의 직업이 존재하는 현대 사회에서 학교 교육만으로는 자신의 재능을 정확히 파악하기 어렵다.

그럼에도 자격증과 학위는 중요한 경쟁력이 되어준다. 통계적으로 볼 때, 대학 졸업자와 고졸자의 평균 소득 차이는 상당하다. 나는 대학과 대학원 생활을 즐기지는 않았지만, 학사 학위와 경제학 석사 학위는 취득했다. 자격증과 학위는 비교 우위를 제공하며, 현실적인 도움을 준다. 물론 학위가 인생에서 가장 중요한 것을 가르쳐주지는 않지만, 얻을 만한 가치는 있다.

내 할아버지는 교육을 받지 못했을 때 치러야 하는 대가를 몸소 보여준 사례였다. 할아버지는 특별한 재능을 발견하지 못했다. 굳이 말하자면, 생존하는 능력이 가장 큰 재능이었다. 책을 많이 읽었지만, 세상과의 깊은 연결은 없었고, 학력이 필요한 일을 해본 적이 없었다. 한때 문을 두드리며 비누를 파는 일을 했는데, 그 일을 몹시 싫어했다. 이후 농장을 운영하며 조금 더 만족스러워했지만, 결국 멕시코의 시골 지역에서 봉사 활동을 하며 시간을 보냈다. 할아버지는 똑똑한 사람이었지만, 학위가 없었기 때문에 많은 기회를 누릴 수 없었다.

아버지는 할아버지와는 정반대의 길을 걸었다. 아버지는 회색빛 곱슬머리에 짙은 눈썹, 두꺼운 안경을 쓴 사람이었다. 시카고 대학교에서 생물물리학 박사 학위를 받았으며, 전쟁이 끝난 후 국립보건원NIH, National Institutes of Health에 취직해 평생을 그곳에서 일했다. 아버지의 연구 목표는 근육 위축증 같은 질병을 치료하는 것이었다. 의미 있는 일이었다.

아버지는 어릴 때부터 자신의 특별한 재능을 명확히 알고 있었다. "나는 7살 때부터 실험실을 만들기 시작했어"라고 아버지는 말했다. 아버지의 삶에는 분명한 방향이 있었다.

그러나 아버지는 삶의 다른 영역에서는 많은 어려움을 겪었다. 아버지는 사회성이 부족했다. 사교성이 없어서 친구가 많지 않았다. 그 외로움은 아버지가 '우울한 기분'이라고 부른, 우울증으로 이어졌다. 그 때문인지 건강이 악화되었고 상대적으로 이른 나이에 세상을 떠났다.

10대 시절, 아버지와 함께 버지니아로 짧은 여행을 갔을 때의 일이 떠오른다. 어느 날 방에 들어갔다가 아버지가 우는 모습을 본 적이 있다. 나는 아무 말도 하지 못한 채 조용히 방을 나왔다. 아버지는 끝내 자기가 왜 그렇게 슬퍼했는지 말하지 않았다. 경제적으로는 안정적이었다. 연구자로 일하면서 정기적인 급여를 받았고, 자신이 좋아하는 연구를 하며 생계를 유지했다.

아버지는 교육의 가치를 중요하게 여겼다. 그래서 나와 형이 좋은 대학과, 더 나아가 대학원에 진학하길 바랐다. 고등학교 시절, 아버지는 내가 의사가 되길 기대했고, 형은 물리학자가 되길 기대했다. 아버지의 논리는 단순했다. 형은 수학을 잘했고, 나는 사람을 다루는 재능이 있었다.

"넌 그렇게 똑똑하지는 않지만, 의사는 원래 똑똑할 필요가 없어. 그러니까 의사가 되어라." 아버지의 말은 기분 좋은 말은 아니었지만, 나는 진지하게 받아들였다. 하지만 결국에는 관심 부족과 난독증으로 실패할 수밖에 없었다.

자신만의 전문성을 찾아라

자신의 재능을 찾는 과정에서 가장 중요한 질문은 '어려움을 극복하기 위해 얼마나 노력해야 하는가?'이다. 나처럼 학교 공부가 힘든 사람은 어디까지 참고 견뎌야 할까?

이 질문에 정답은 없다. 목표를 이루려면 끝까지 밀어붙여야 하지만, 때로는 자신에게 맞지 않는 길을 억지로 가려다가 안 좋은 결과를 초래하기도 한다. 나는 의예과로 대학 생활을 시작했지만 실패했고, 결국 역사 전공으로 방향을 바꿨다. 역사 전공에서 요구되는 글쓰기 과제도 어려웠지만, 적어도 의예과보다는 버틸 만했다.

'언제까지 공부해야 할까?'라는 질문도 중요하다. 자격증이 적어도 당신의 길에 장애물이 되지 않을 때까지는 계속 공부해야 한다. 예를 들어 변호사가 되려면 반드시 로스쿨을 마쳐야 한다. 하지만 작가나 투자자가 되려면 대학 이후의 학위가 필수는 아니다. 사실, 학위가 없으면 아예 지원할 수 없는 직업도 많다.

학교도 하나의 사업체와 다름없다. 비영리 기관이라 해도 고액의 학비를 요구하는 다양한 학위 과정을 제공한다. 결국, 학위 취득은 거래의 한 형태다. 자신이 시간과 돈을 어떻게 투자하는지 냉정하게 분석해야 한다. 나는 역사 전공으로 학사 학위를 받은 후 박사 과정까지 고려했지만, 6년이라는 시간을 투자할 만한 가치가 있는지 의문이 들었다. 그래서 결국 박사 학위를 포기했다.

현재 나는 사람들이 세상의 흐름과 투자 방법을 이해하는 데 도움을 주는 일을 하며 돈을 번다. 이 일로 사람들이 내게 돈을 지불할 것이라는 걸 깨닫는 데는 오랜 시간이 걸렸다. 역사, 저널리즘, 외국어, 문화, 경제, 시장 분석을 결합해 나만의 전문성을 만들었다.

아버지처럼 길이 명확한 경우도 있다. 장군 같은 직업이 그렇다. 반면, 조각가 같은 직업은 그렇지 않다. 중요한 것은 자신이 가진 고유한 가치를 명확히 인식하는 것이다.

3.
스케일

자신만의 능력으로 돈을 벌고자 한다면, 세 가지 선택지가 있다. 첫째, 소수의 사람만 할 수 있는 직업을 선택하는 것이고, 신경외과 의사 같은 직업이 그렇다. 이 길은 오랜 교육과 훈련이 필요하다. 둘째, 소프트웨어 엔지니어처럼 '스케일^{scale}'이 있는 직업을 선택하는 것이다. 셋째, 이 두 가지 요소를 적절히 조합하는 것이다. 어떤 직업들은 모두가 할 수 없기에, 그 가치가 높다. 즉, 공급이 제한적이기 때문에 높은 가격이 책정된다. 이는 또 하나의 경제적 프레임워크이다.

가격 = 공급과 수요의 관계

예를 들어, 외과 의사는 공급이 제한적이기 때문에 그들의 노동 가치는 높아진다. 이것이 돈을 버는 한 가지 방식이다(가격이 형성되는 방식에 대해선 다음 장에서 자세하게 다룬다).

오랜 교육이 필요한 직업이라 하더라도 스케일에는 큰 차이가 있다. 어떤 직업은 엄청난 스케일을 갖지만, 어떤 직업은 그렇지 않다. 예를 들어, 클래식 음악가가 되기까지는 오랜 시간이 걸린다. 나는 전문 연주자 몇 명을 알고 있는데, 그들의 재능은 정말 놀랍다. 하지만 오케스트라의 생산성은 수백 년 동안 변하지 않았다. 베토벤을 더 빠르게 연주한다고 급여가 높아지는 것은 아니다.

스케일을 키울 수 있는 방법은 있다. 대중적인 영화 음악 작업을 전문적으로 하는 클래식 연주자는 단순히 콘서트 연주만 하는 사람보다 더 높은 수익을 얻을 수 있다. 녹음 기술도 스케일을 키우는 데 도움이 되지만, 이미 비발디의 연주는 무수히 많이 녹음되어 있다. 또 얼마나 더 많은 녹음이 필요할까? 내 바이올리니스트 친구 말로는 스케일을 키울 수 있는 직업을 구하기가 매우 어렵다고 한다.

반면, 외과 의사의 경우 교육과 자격증이 필요하기 때문에 기회가 모두에게 있지 않다. 이처럼 스케일이 큰 직업에서는 경쟁심과 추진력이 큰 역할을 한다. 물론 재능도 중요하다(테일러 스위프트처럼).

뉴욕에서의 깨달음

나는 처음에는 스케일이 무엇인지조차 몰랐다. 내가 자란 워싱턴 D.C.의 거리에서는 거의 모든 사람이 정부에서 일했다. 의회 보좌관, 비밀경호국 요원, 법무부 변호사 등이 있었다. 모두 많아야 1~2만 달러 차이가 날 뿐 연봉은 비슷했다.

그러나 나와 먼 친척인 롭은 이런 틀을 깼다. 그의 아버지도 공무원이었지만, 롭은 월스트리트에서 일하며 부자가 되기를 원했다. 롭은 내가 아는 사람 중 처음으로 그렇게 말한 사람이었다. 롭은 대학원을 다닐 때 학자금 대출을 받아 트레이딩 계좌를 열었고, 결국 10만 달러를 100만 달러로 불렸다.

이후 롭이 내 형과 나를 뉴욕으로 불러 놀게 해줬는데, 그 경험은 지금도 생생하다.

고층 건물로 가득한 뉴욕은 어둡고, 압도적이면서도, 흥미로웠다. 트레이더가 정확히 무슨 일을 하는지 몰랐지만, 노란 택시를 타고 번화가를 지나가면서 그들의 삶이 궁금했다. 거리는 밤을 즐기는 사람들로 가득했다. 긴 부츠, 세련된 재킷, 어깨를 과감히 드러낸 옷차림 등 다양했다.

우리는 커다란 맥주 통이 놓인 북적이는 홀에 들어갔다. 주문을 하려면 소리를 질러야 할 정도였다. 나는 맥주를 한 잔 들이켰고, 머릿속이 점점 달아오르는 느낌이 들었다. 술이 퍼지자 시끄럽고 복잡한 분위기가 더 편안하고 즐거웠다. 우리는 맥주를 더 주문했다.

그 순간, 나는 평생 돈이 부족할 것이라는 생각으로 살아왔지만, 꼭 그래야 할 필요는 없다는 걸 깨달았다. 롭이 그랬던 것처럼 선택할 수 있었다. 우리는 취한 채 다른 바로 옮겼다. 그리고 밤이 깊어 호텔로 돌아가는 길에 문득 나는 과거를 되돌아봤다. 처음으로 나보다 확실히 부유한 사람을 본 순간이 언제였을까? 아마 학교에서였을 것이다.

나는 부자들이 자주 언급하는 장소들을 떠올리기 시작했다. 미국 콜로라도의 고급 스키 리조트인 '베일Vail', 이탈리아의 예술과 역사가 가득한 '피렌체Florence', 상류층 문화의 상징인 '오페라', 그리고 미국 동부 부유층의 휴양지로 유명한 '마서스 빈야드Martha's Vineyard'. 부자들은 이런 곳에서 시간을 보냈다.

롭이 갈 수 있다면, 나도 갈 수 있지 않을까?

스케일이란 무엇인가?

스케일은 단순히 규모를 키우는 것이 아니다. 스케일이란 매출이 비용을 압도적으로 초과하는 방식으로 성장하는 것을 의미한다.

항공사를 예로 들어보자. 항공사는 스케일을 갖추고 있을까? 전 세계 어디로든 사람을 실어 나르며 많은 매출을 올리고 있지만 그에 따른 비용도 어마어마하다. 게다가 항공 산업은 강한 규제를 받기 때문에, 스케일이 커진다고 해서 그만큼 수익이 오르는 것도 아니다. 항공 산업에는 다양한 직업이 있지만, 항공업 종사자들은 대부분 큰돈을 벌지 못한다.

그렇다고 해서 그들의 일이 가치 없다는 뜻은 아니다. 오히려 그 반대다. 오늘날의 항공 시스템이 이렇게 원활하게 작동한다는 것은 그 자체로 기적과 같다. 나는 비행기에서 내릴 때마다 기장에게 "안전하게 도착하게 해줘서 고맙습니다"라고 인사한다. 진심으로 감사한 마음으로 말이다. 항공 시스템은 소비자 입장에서 보면 훌륭한 시스템이다. 하지만 부를 축적하기 어려운 구조에서 일하는 항공업 종사자들에게는 씁쓸한 현실이다.

반면, 완전히 다른 형태의 스케일을 가진 회사도 있다. 예를 들면 구글은 비행기를 운영할 필요도 없고, 공장을 돌릴 필요도 없다. 오직 인건비만 부담하면 전 세계에 제품을 팔 수 있다. 그래서 구글의 창업자들은 세계에서 가장 부유한 사람들이 되었다.

금융업은 스케일을 갖춘 산업이다. 예를 들어, 100달러를 잘 굴릴 수 있다면 10만 달러도 같은 방식으로 잘 운용할 수 있다.

금융 기자로 일하던 시절, 월스트리트에서 일하는 한 취재원('제이슨'으로 부르겠다)으로부터 점심 초대를 받았다. "도움이 좀 필요하네." 제이슨은 키가 크고, 세련된 정장에, 모델처럼 잘생긴 사람이었다. 그는 은행에서 '통화 전략가currency strategist'로 일했는데, 세계 환율 변동을 예측하는 것이 그의 일이었다. 그가 말했다.

"우리 팀에 애널리스트를 하나 뽑으려고 해."

나는 무표정하게 고개를 끄덕였다. 당시 나는 AP와 다우존스가 합작한 뉴스 서비스에서 뉴욕 금융 시장을 취재하는 기자였다. 내 기사는 종종 월스트리트 저널에도 실렸다. 원래 나는 해외 특파원을 목표로 했지만, 아들이 아스퍼거 증후군 진단을 받으면서 사정이 달라졌다. 아내와 의사는 해외 근무가 아들에게 전혀 도움이 되지 않을 거라고 했다. 해외에서 일할 수 없다면, 나는 더 이상 기자 일을 하고 싶지 않았다.

그때 제이슨이 말했다. "그 자리 연봉이 첫해에 20만 달러 정도야. 하지만 앞으로 더 많이 벌 수도 있어. 유능한 전략가는 꽤 많은 돈을 벌거든." '꽤 많은 돈'이라는 게 대체 얼마를 의미하는 걸까? 혹시 100만 달러쯤 된다는 뜻인가?

나는 아무렇지 않은 척하며 대답했다. "아내와 상의해 보고 연락드릴게요." 그날 밤, 마리나의 반응은 단순했다. "미쳤어? 당장 하겠다고 해!"

4.
변화에 적응하는 법

마지막으로, 소득을 이해하기 위해서 변화에 적응하는 법을 알아야 한다. 앞에서 말한 스케일과 마찬가지로, 변화에 적응하는 능력은 인생에서 매우 중요하다. 경제에서 일어났던 큰 변화는 과거를 돌아보면 꽤 쉽게 파악할 수 있다. 하지만 돈을 제대로 벌려면 변화가 오기 전에 그 흐름을 읽을 수 있어야 한다.

경제는 바닷속 모래처럼 끊임없이 움직인다. 변화가 일어나는 순간 그것을 인식하거나, 적어도 감지할 수 있어야 한다. 경제의 변화는 곧 당신의 삶을 지배하는 '혁신의 파도'가 되기 때문이다.

내가 몸담았던 회사들 대부분은 시간이 지나면서 몰락하거나, 인수되거나, 사라졌다. 앞서 말했듯, 워싱턴 포스트는 제프 베이조스가 인수했다. AP-다우존스 합작 뉴스 서비스는 문을 닫았다. 뱅크보스턴BankBoston은 플리트Fleet에 인수되었고, 이후 다시 뱅크오브아메리카Bank of America에 흡수되었다. 그리고 그 인수를 주도했던 CEO 켄 루이스Ken Lewis는 결국 해고되었다.

나는 그 후 헤지펀드에서 일했지만, 그곳도 한때 규모가 커졌다가 다시 줄어들었다. 그럼에도 불구하고 내 소득은 점점 증가했다. 나는 내가 서 있는 빙산이 녹아내리는 걸 일찍 알았고, 그래서 금방 다음 빙산으로 옮겨가며 살아남았기 때문이다.

높은 수익이 있는 곳에는 반드시 경쟁이 따라온다. 그리고 경쟁이 성공하면 결국 수익을 무너뜨린다. 시장 전체로 보면 이 과정은 자연스러운 흐름이지만, 개인 입장에서는 상당히 어려운 문제일 수 있다.

이런 변화를 감지하는 유일한 방법은 주변에서 일어나는 일에 주의를 기울이는 것이다. 앞서 취미가 방향을 찾는 데 도움을 줄 수 있다고 말했는데, 커다란 변화의 조짐을 포착하는 것도 마찬가지다.

앞으로 어떤 변화가 올 것인가?

가장 중요한 것은 자신의 행동이 어떻게 변하고 있는지 관찰하는 것이다.

예를 들어, 예전에는 레코드 가게에서 음악을 샀다(그런 곳이 실제로 존재했다). 하지만 이제는 알고리즘이 내 취향에 맞춰 음악을 추천해 준다. 예전에는 약국 계산대에서 직원이 결제를 도와줬지만, 지금은 기계가 그 역할을 대신한다.

그리고 이제 AI가 많은 직업을 바꿔놓을 것이 분명해졌다. 그렇다면 AI의 영향을 쉽게 받을 수 있는 직업, 예를 들어 계산원, 법무보조원, 사서 같은 일을 하고 있다면 조심해야 한다.

또한 전기차 시대가 오고 있으니 엔진오일 교환 체인점을 운영하는 것은 좋은 사업 아이디어가 아닐 수 있다. 지구 온난화로 인해 특정 지역은 점점 더 자주 홍수 피해를 입을 것이고, 이는 부동산 가치와 투자에도 영향을 미칠 것이다. 이러한 변화는 끝없이 이어진다.

하지만 이런 변화가 일어난다는 사실을 아는 것만으로는 부족하다. 그 변화가 이미 '가격'에 반영되었는지를 파악해야 한다. 대부분 파악하려고 할 때 이미 반영되어 있다.

바로 다음 장에서 가격이 무엇을 의미하는지 살펴보자.

04

가격

돈을 제대로 이해하려면 가격을 이해해야 한다.
여기서 가격이란 두 가지를 의미한다.
당신이 받는 가격(급여)과
당신이 지불하는 가격(소비, 저축)이다.

돈의 흐름 속에서 어디에 설 것인가?

당신의 급여는 당신의 재능에 매겨진 가격이다. 당신이 받는 청구서는 당신이 한 소비에 대한 가격이다. 당신의 자산은 오늘의 가격이 반영된 미래의 부이다. 우리는 평생 가격을 두고 협상하며 살아간다. 따라서 돈을 이해하려면 가격을 이해해야 한다.

가격은 단순한 숫자가 아니라 현재 시점에서의 공급과 수요를 나타내는 동시에, 미래에 대한 기대를 반영하는 지표이기도 하다. 예를 들어, 주식 가격은 단순히 오늘의 공급과 수요에 의해 결정되지 않는다. 기업의 미래 실적에 대한 기대치도 가격을 결정하는 중요한 요소다. 가격은 사람이 만든 것처럼 보이지만, 사실상 자연의 법칙에 가깝다. 중력이 물의 흐름을 결정하듯, 가격도 보이지 않는 힘에 의해 결정된다.

인간은 음식과 물 없이는 생존할 수 없다. 안전, 주거, 의료 서비스도 필요하다. 이러한 기본적인 수요는 어떤 국가도, 어떤 정책도 완전히 없앨 수 없다. 이를 가장 극명하게 보여준 사례가 코로나 팬데믹이다.

코로나가 퍼지기 시작하자 갑작스럽게 체온계 수요가 폭증했다. 일부 시장에서는 평소 14달러 정도 하던 가격이 1,000달러까지 치솟았다. 정부가 가격을 규제하려 해도 암시장이 형성될 뿐이었다.

기술은 가격을 극적으로 변화시킨다. 예전에는 편지를 보내는 데 상당한 비용이 들었지만, 이메일이 등장하면서 사실상 무료가 되었다. 사진을 찍는 비용도 마찬가지다. 1990년, 나는 소련 붕괴 직전의 모스크바에서 여름 어학연수를 하고 있었다. 아버지께 무사히 도착했다는 소식을 전하려고 전신電信을 보내기 위해 20분을 기다렸다.

아직도 그때의 기억이 생생하다. 모스크바 붉은 광장에서 가까운 시내의 전신국에서 줄을 서서 기다리다가 "무사히 도착. 문제 없음." 단 몇 단어를 보내기 위해 글자 수대로 요금을 지불했다. 하지만 지금은 공항에 도착하자마자 무료로 문자 메시지를 보낼 수 있다.

자신의 직업을 소득을 기준으로 결정하고 싶다면, 돈의 흐름 속 어디에 위치할지를 고민해야 한다. 강물의 중심부는 물살이 거세지만 빠르게 흐른다. 반면, 가장자리로 갈수록 물살은 잔잔하지만 흐름도 느려진다. 즉, 스트레스가 높지만 보수가 높은 직업(예: 의사)을 선택할 것인가? 아니면 안정적이지만 보수가 낮은 직업(예: 정원사)을 선택할 것인가?

스트레스가 적으며 연봉이 높은 직업은 거의 없다. 어떤 길을 선택하든, 자신이 원하는 직업에 도달하기 위해 무엇을 해야 하는지 반드시 알고 있어야 한다. 이는 앞서 말한 '자신의 강점'을 이해하고, '스케일'을 파악하는 것과 연결된다.

소비와 투자에서 가격을 이해하는 법

소비의 측면에서, 우리가 쓰는 상품과 서비스의 가격은 평균값을 기준으로 정해진다. 따라서 돈을 모으려면 평균보다 낮은 가격의 상품을 찾거나, 덜 소비하는 방법을 배워야 한다. 내 할아버지가 그러셨듯이 말이다. 투자의 측면에서는 시간의 흐름에 따라 가격을 변화시키는 힘을 이해하고, 장기적으로 가치가 높은 자산을 저렴하게 매입하는 법을 배워야 한다. 완벽하게 할 수는 없지만, 충분히 노력할 가치가 있다.

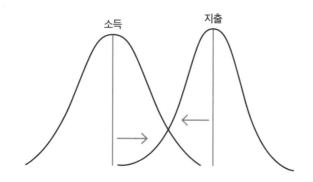

결론적으로, 돈을 잘 다루려면 높은 급여를 받고, 낮은 가격에 소비하는 것을 목표로 삼아야 한다. 소득 분포의 상단 끝에서 벌고, 지출 분포의 하단에서 소비해야 한다.

성공한 트레이더, 신경외과 의사, 소프트웨어 엔지니어의 모습은 종종 예상과 다르다. 그들은 값비싼 골프 클럽에 가입하는 대신 코스트코에서 쇼핑을 하고, 낡은 자동차를 타거나 오랫동안 산책을 즐긴다. 고강도의 스트레스를 받는 직업을 가진 사람이 저녁 식사를 배달시키는 대신 직접 장을 보고 요리하는 것은 쉽지 않은 일이다. 나 역시 이를 직접 경험했다.

때로는 오래된 차를 몰다가 새 차를 사고 싶은 충동이 들기도 한다. 하지만 그 유혹을 이겨내는 것이 부를 축적하는 중요한 습관이며, 이러한 작은 결정들이 장기적으로 큰 차이를 만든다. 결국, 부란 자신이 지불하는 가격에 주의를 기울이는 것에서 시작된다.

노동의 가격과 사회적 균형

노동의 적정한 가격을 정하는 문제는 오랜 역사 속에서도 명확한 해답을 찾지 못했다. 특히 최저임금을 받는 사람이 고소득자의 보상을 정당하다고 받아들이는 것은 쉽지 않다. 게다가 산업 구조와 소비 패턴이 변화하면서 노동의 가치는 계속 변동한다. 가솔린차가 전기차로 대체되는 것처럼 말이다.

사회가 균형을 유지하려면 모든 사람이 기본적인 필요를 충족할 수 있어야 하지만, 동시에 모든 사람이 동일한 능력을 가지고 태어나지는 않는다. 어떤 사람은 남들보다 더 똑똑하고, 더 부지런하며, 스트레스를 더 잘 견딜 수 있다. 그렇다면 이들의 노력과 재능은 어느 정도까지 보상받아야 하며, 얼마나 사회적으로 공유되어야 할까?

이 균형을 맞추는 것은 매우 어려운 과제이며, 종종 사회적 불안정을 초래한다. 사실, 제국의 흥망성쇠 역사 속에서도 이러한 균형을 맞추려는 과정에서 발생한 혼란을 쉽게 발견할 수 있다. 러시아 혁명, 히틀러의 집권, 1949년의 중국 혁명 등은 모두 극심한 부의 불균형과 그로 인한 사회적 갈등에서 비롯되었다. 최근 미국에서도 상위 1%가 차지하는 부의 비율이 크게 증가하면서, 많은 사람이 경제 시스템이 자신들에게 불리하게 작용한다고 느끼고 있다. 이는 정치적 불안정성을 더욱 부추기는 요소가 된다.

이러한 불균형을 해결하는 방법 중 하나는 정부가 주도하는 부의 재분배이다. 정부는 세금을 통해 부를 재분배하고, 일부 계층에서 거둔 세금을 다른 계층에 지원하는 방식으로 균형을 맞추려 한다. 또 다른 방법은 노동자와 경영진 간의 협상을 통해 소득 분배 구조를 조정하는 것이다.

세금에 대해 길게 이야기하지는 않겠지만, 돈을 다루는 데 있어 세금은 피할 수 없는 요소이다. 따라서 세금을 고려하지 않고 재정 계획을 세울 수는 없다.

세금의 영향력은 거주 지역과 개인의 경제 활동에 따라 크게 달라진다. 예를 들어, 미국에서는 주식을 1년 미만 보유하면 최고 세율 37%가 적용되지만, 1년 이상 보유하면 20%의 세율이 적용된다. 단순히 보유 기간을 조정하는 것만으로도 17%의 세금을 절약할 수 있는 것이다. 또한, 미국의 일부 주에서는 추가로 7%의 지방세가 부과된다.

한편, 채권에서 발생하는 이자는 37%의 세율이 적용되는

반면, 일부 주식 배당금은 20%의 세율이 적용된다.[•]

나는 세무 전문가가 아니므로, 개별적인 세무 계획은 반드시 전문가의 조언을 받아야 한다. 비록 전문가는 아니지만 나는 저축과 투자 결정을 내릴 때 세금의 영향을 신중하게 고려한다. 또한, 우리는 사회 기반 시설과 군대, 의료 시스템을 유지하기 위해 세금을 내고 있다는 중요한 사실도 잊어서는 안 된다.

가격을 결정하는 힘: 규제 vs. 시장

규제는 가격을 설정하는 데 중요한 역할을 하지만, 공급과 수요라는 근본적인 힘보다는 영향력이 약하다. 예를 들어, 대부분의 배관공은 크리스마스에 일을 하지 않지만, 충분한 보수를 준다면 기꺼이 일하는 사람도 있다. 실제로 크리스마스 이브에 배관이 터지는 경우는 흔하고, 나 역시 그런 경험을 겪었다.

사람들은 필요하다고 생각하는 물건을 얻기 위해 감옥에 갈 위험도 감수한다. 시장이 아닌 중앙 정부에 의해 가격이 결정

[•] 한국의 경우, 상장주식을 보유한 소액주주가 증권시장을 통해 주식을 매도할 때 양도소득세가 부과되지 않는다. 그러나 대주주의 경우, 보유 기간과 관계없이 양도소득세가 부과되며, 과세표준 3억 원 이하는 20%, 3억 원 초과분에 대해서는 25%의 세율이 적용된다. 채권 투자 시에는 이자소득에 대해 15.4%의 세율이 적용된다. 채권을 중도에 매각하더라도 보유 기간에 해당하는 경과 이자에 대해 동일한 세율로 원천징수된다. 또한, 금융소득이 연간 2,000만 원을 초과할 경우, 다른 소득과 합산되어 종합소득세 과세 대상이 된다.

될수록, 그 가격을 유지하기 위해 정부가 더 많은 힘을 행사해야 한다. 나는 대학 졸업 후 기자로 일할 때 구소련에서 이런 모습을 직접 목격했다.

예를 들어, 심각한 심장병에 걸리거나 화장실이 막혔을 때, 대부분의 사람들은 어떤 대가를 치르더라도 문제를 해결하려 한다. 구소련은 의사와 광부의 임금을 비슷한 수준으로 유지하려 했지만, 젊은 가장이었던 나는 그 정책을 뛰어넘을 방법을 찾았다. 내 아이가 건강하게 태어날 확률을 높이기 위해 내가 가진 모든 돈을 최고의 의사에게 기꺼이 지불한 것이다. 당시 가진 돈은 많지 않았지만, 그것이 현실이었다.

물론, 미국에서 의료 비용이 높은 이유는 일부 인위적인 요소 때문이다. 예를 들어, 의대 입학 정원이 제한되어 있거나, 의료업계 공급을 조절하는 등 다양한 요인들이 존재한다. 하지만 근본적인 요인은 바로 의사가 되는 것이 어렵다는 점이다. 물론 배관공이 되는 것도 쉽지 않고 자부심을 가질 만한 직업이지만, 의사가 되는 것보다는 어렵지 않다.

자신이 가진 능력이 시장에서 그 가치를 얼마나 인정받을 수 있을지 현실적으로 평가해야 한다. 결국 이러한 과정이 소득을 결정하기 때문이다. 우리는 흔히 자신의 가치를 과대평가하고, 자신과 비슷한 가치를 가진 사람이 얼마나 많은지를 과소평가한다. 그러다 보면 결국 시장에서 불리한 위치에 서게 된다.

소비 가격의 구조

　개별 상품의 가격은 공급과 수요의 함수로 결정된다. 공급은 기술과 생산성에 의해 영향을 받으며, 수요는 소득과 소비 여건에 따라 달라진다. 하지만 소득은 균등하게 분배되지 않는다. 예를 들어, 빵과 같은 필수품의 경우 기술 발전이 생산비를 낮추면서 가격도 하락했다. 과거에는 농부가 손으로 밀을 수확했지만, 지금은 자동화된 농기계가 이를 대신한다.

　반면 주거, 의료, 교육, 고급 소비재의 경우, 고소득층의 수요가 가격 결정에 중요한 영향을 미친다. 그로 인해 하위 소득층은 이러한 상품과 서비스를 이용하기 어려운 상황에 처하게 된다. 이는 불편한 진실이다. 경제 시스템은 구조적으로 일정 비율의 사람들이 경제적 어려움을 겪도록 설계되어 있기 때문이다. 한편으로, 평균 이상의 소득을 얻는 사람이 평균 수준의 소비를 한다면, 돈을 모으는 일이 상대적으로 쉬워질 수도 있다.

물론, 지금의 기준으로 가난한 사람들도 300년 전의 부유층보다는 나은 삶을 살고 있다. 그러나 내가 경제적으로 어려움을 겪던 시절, '그래도 1700년대보다 낫다'는 사실은 전혀 위안이 되지 않았다. 병원비나 자동차 수리비를 마련하는 일, 혹은 아내에게 작은 선물을 사는 일조차 버거웠다. 각종 청구서는 그저 또 하나의 타격처럼 다가왔다.

결국, 우리는 소비에 있어 도덕적 선택을 해야 한다. 내가 소비에 있어 경제적으로 여유로운 위치에 서려면, 누군가는 어려움을 겪어야 한다. 이는 또 다른 불편한 진실이다.

나는 스스로 높은 도덕적 기준을 지킬 것이라 생각했지만, 실제로 쥐가 나오는 환경에서 살아보니 생각이 달라졌다. 그런 상황에서 내게 은행에서 일할 기회가 주어졌고, 아내는 그 선택을 적극적으로 찬성했다. 그렇게 우리는 소득 하위 3분의 1에서 상위 3분의 1로 이동했다. 경제적 어려움 속에서 기회가 주어졌을 때, 망설이지 않고 그 기회를 잡은 것이 나를 구했다.

선택의 갈림길: 돈과 삶의 균형

대학 동창들과 몇몇 가족들은 내가 언론직에서 금융업으로 전향한 것을 못마땅하게 여겼다. 영혼을 팔아넘긴 것처럼 보는 사람도 있었다. 하지만 내 입장에서 보면, 단지 나만의 길을 찾고 있었을 뿐이었다. 경제적으로 불안정한 삶은 감당하기 어려웠다. 그러나 거대한 은행에서 일하는 것도 나와 완전히 맞지 않았다. 마치 어두운 미로 속을 더듬으며 걸어가는 기분이었다.

당시 미국 사회는 점점 분열되고 있었다. 어떤 곳은 심각한 자금난에 허덕이는 반면, 다른 곳에는 돈이 넘쳐났다. 나는 내 가족을 위한 안전한 안식처를 찾고자 했다. 쥐가 들끓는 환경에서 벗어났지만, 앞으로 돈을 얼마나 더 모아야할 지에 대한 고민이 생겼다.

더 많은 돈을 벌기 시작하면서부터 과거처럼 검소하게 살 수 없었다. 오히려 과거에 비해 절약이 훨씬 어렵게 느껴졌다. 이는 돈이 가진 특유의 함정이다. 사람은 자신의 경제적 상황에 따라 '필수적인 것'과 '적절한 소비'에 대한 인식이 바뀐다. 수입이 늘어나면 소비도 덩달아 증가하기 쉽다.

아내와 나는 샤넬 가방을 사는 것이 비합리적이라는 것을 알고 있었다. 하지만 안전과 관련된 물건에 대해서는 가격을 바라보는 시각이 달라졌다. 대표적인 예가 자동차였다.

자동차 선택의 기준: 안전이냐, 가격이냐

둘째 아이를 입양하고 코네티컷으로 이사한 후, 우리는 주행거리가 16만 km가 넘은 혼다를 몰고 다녔다. 어느 날, 타이어에 공기를 넣으려고 주유소에 들렀다가, 한쪽 구석에 심하게 찌그러진 자동차 한 대를 보게 되었다. 화창한 봄날이었고, 내 아이들은 뒷좌석에 앉아 신나게 떠들고 있었다.

"이 차에 무슨 일이 있었나요?" 내가 주유소 직원에게 물었다.

"어젯밤 메리트 파크웨이에서 측면 충돌 사고가 났어요."

나는 차 안을 들여다보았다. 운전석 쪽은 완전히 찌그러졌고, 시트에는 어두운 얼룩이 선명하게 남아 있었다.

"운전자는…?"

직원은 사고 차량을 가리키며 조용히 고개를 저었다.

나는 뒷좌석에서 천진난만하게 나를 기다리는 내 아이들을 바라보았다. 그날 이후, '안전한 자동차'를 검색하기 시작했다. 하지만 인터넷에서는 믿을 만한 정보를 찾기 어려웠다. 그러다 문득 보험회사를 떠올렸다. 자동차 보험료는 사고 발생 확률에 따라 결정된다. 즉, 보험회사가 제공하는 안전한 차량 순위가 가장 신뢰할 만한 자료일 것이었다.

그해, 가장 안전한 차로 선정된 것은 아우디였다. 문제는 가격이었다. 아우디는 우리가 몰던 혼다의 2배인 4만 달러였다. 당시 나는 아우디를 타는 사람들은 허세 부리는 족속이라고 여겼다. 하지만 주유소에서 사고 차량을 본 뒤로는 생각이 달라졌다.

가격과 삶의 선택

8년 후, 나는 아내와 함께 트리보로 브리지에 진입하고 있었다. 앞쪽에서 밴 하나가 진입 램프에 멈춰 있었다. 나는 급히 브레이크를 밟았다. 오른쪽은 100km로 질주하는 차량들, 왼쪽은 난간. 어디로도 피할 수 없었다.

그러다, 쾅! 우리가 탄 아우디는 측면에서 충격을 받으며 난간에 부딪혔다. 연쇄 추돌 사고였다. 검은 얼음판 위에서 미끄러진 차가 우리 차를 들이받고 멈춰 섰다.

차는 전손 처리되었지만, 우리는 무사했다. 만약 더 저렴한 차를 타고 있었다면 결과는 어땠을까? 생존 가능성이 낮아졌을지도 모른다. 사람은 결코 모든 위험을 예측할 수 없다. 하지만 확률을 유리하게 만들 수는 있다.

안전한 자동차를 위해 돈을 지출한 나와는 정반대의 결정을 내린 사람이 있었다. 바로 우리 할아버지였다. 할아버지는 미국 워싱턴 D.C.에서 가족들과 가까이 살 수도 있었다. 하지만 할아버지는 오랫동안 멕시코 시골에서 생활했다. 그곳이 미국보다 훨씬 저렴했기 때문이다.

이 선택은 오늘날에도 유효하다. 멕시코의 1인당 GDP는 미국의 7분의 1 수준이다. 즉, 같은 돈이라면 멕시코에서는 미국보다 훨씬 더 여유로운 삶을 살 수 있다.

멕시코에서 의사를 한다면 미국과 같은 진료비를 받을 수 없다. 만약 그렇게 한다면 환자가 없을 것이다. 국가별로 평균적인 가격이 다르기 때문이다. 덕분에 할아버지는 우리가 미국에서 내는 의료비보다 훨씬 적은 비용을 지불했다. 하지만 이런 비용 절감이 무조건 좋은 것만은 아니다. 물론 멕시코에도 성실하고 유능한 의사들이 많지만, 가격은 일반적으로 품질을 반영하며, 특히 의료 기술과 같은 분야에서는 더욱 그렇다.

할머니는 멕시코 시골에서 뇌졸중을 겪었고, 결국 세상을 떠났다. 만약 미국의 시골에서 같은 상황을 맞이했다면 어땠을까? 결과가 달라졌을 수도 있다.

결국 중요한 질문은 이것이다. 어떤 위험을 감수할 것인가?

멕시코로 이주하거나 그곳에서 휴가를 보낼 수 있다. 하지만 그 선택에는 분명한 리스크가 따르며, 이런 리스크는 가격에 반영된다. 이는 인재 유출과 이민 문제를 설명하는 데에도 중요한 요소이다. 어떤 나라는 유능한 인재를 붙잡아두지 못하지만 어떤 나라는 사람들이 목숨을 걸고서라도 들어가려 한다.

저축과 투자:
가격의 원리로 접근하라

저축의 최적 전략, 즉 투자는 이후 몇 개의 장에서 더 자세히 다룰 것이다. 다만, 투자도 가격이라는 관점에서 이해하는 것이 매우 중요하다.

주식, 채권, 부동산, 이 모든 것의 가격은 공급과 수요에 의해 결정된다. 투자의 핵심은 현재 가격에 반영되어 있지 않은 무언가를 보는 것이다. 즉, 아직 현실이 되지 않은 미래를 예측하는 능력이 필요하다.

하지만 이는 결코 쉬운 일이 아니다. 그래서 성공하는 투자자가 드문 것이다. 어떤 기업이 좋은 투자처라는 것을 알게 되는 대부분의 경우 이미 모든 사람이 그것을 알고 있다. 예를 들어, 오늘날 애플이 훌륭한 기업이라는 것은 명백하다. 그러나 1990년대에는 애플이 파산할지도 모른다는 의견이 많았다.

애플은 운과 혁신, 그리고 엄청난 노력 덕분에 살아남았다.

하지만 50년 후에도 애플이 여전히 최고의 기업일까? 아마도 그렇지 않을 것이다. 물론 지금 당장은 무엇이 문제를 일으킬지 알 수 없지만, 어떤 미래가 올지는 아무도 확신할 수 없다.

돈의 본질: 자유와 선택

어떤 기업이 좋은 투자처로 평가되면, 사람들은 해당 주식을 사들인다. 결과적으로 주가는 상승한다. 그러나 이는 마치 옷을 할인할 때 사는 것과 같은 원리이다. 문제는 그것이 '할인'인지 '위기'인지 구분할 수 있는가이다.

영원히 경쟁력을 유지하는 기업은 없다. 시장 환경이 바뀌면, 한때 잘나가던 기업도 재정적 어려움을 겪는다. 그러면 자금을 조달하기 위해 추가로 주식을 발행하거나, 투자자들이 미리 빠져나가면서 주가가 하락한다.

100년 전, 미국의 대표 기업은 아메리칸 로코모티브American Locomotive, 아메리칸 슈거American Sugar, 센트럴 레더Central Leather, 웨스턴 유니온Western Union이었다. 19세기에는 아메리칸 코튼 오일American Cotton Oil, 테네시 콜Tennessee Coal 같은 기업들이 거대한 기업들이었다. 하지만 지금 이들은 대부분 사라졌거나, 다른 회사에 흡수되었거나, 더 이상 중요하게 여겨지는 기업이 아니다.

이러한 변화를 고려할 때, 투자에서도 자동차 선택과 같은 고민이 필요하다. '안전'을 우선할 것인가, 아니면 '위험'을 감수하고 높은 수익을 노릴 것인가?

자산의 가격은 장기적으로는 상승 경향을 보인다. 따라서 저축하는 사람에게는 시간이 유리하게 작용한다. 하지만 단기적인 투기적 투자, 즉 시장에서 차익을 노리는 행위는 제로섬 게임이다. 예를 들어, 내가 애플 주식을 사고 누군가 그것을 내게 판다면, 결국 한쪽은 이익을 보는 것이고 다른 한쪽은 손해를 보는 것이다.

자율적인 삶을 위해 사용되는 돈은 올바르다. 가정을 꾸리고, 여행을 떠나고, 교육을 받고, 수익이 불확실한 분야에 도전하는 것, 이 모든 것은 돈이 있어야 가능하다. 내가 이 책을 쓰는 것 역시 마찬가지다.

돈을 벌고 관리하려면 가격의 원리를 이해해야 한다. 가격은 그 자체로 매력적인 개념은 아닐지 몰라도, 우리가 받는 급여와 지출하는 비용을 이해하는 데 중요한 역할을 한다. 그리고 가격을 결정하는 가장 중요한 요소는 공급과 수요이다.

바로 여기에서 답을 찾을 수 있다. 아니, 적어도 답의 일부는 여기에서 찾을 수 있다.

가격 책정 방식은 때로는 경제적 논리뿐만 아니라 사회적 역학에 큰 영향을 받는다. 그리고 나는 직접 경험하기 전까지, 그런 요소가 존재할 것이라고는 생각조차 못했다.

다음 장에서는 그 이야기를 해보려 한다.

05

계층 구조

어떤 산업이든 계층이 존재한다.
계층을 바꾸는 것은 어렵지만
불가능은 아니다.

사회에 존재하는 다양한 계층 구조

직업을 선택했다면, 그 안에서도 계층이 있다는 사실을 인식해야 한다.

경제적 계층은 바꿀 수 있지만 쉽지는 않다. 예를 들어, 행정 보조에서 시작해 간호사를 거쳐 의사가 되는 사람도 있고, 경찰에서 변호사를 거쳐 시장이 되는 경우도 있다. 하지만 절대 흔히 일어나거나 쉬운 일은 아니다.

나를 은행으로 데려간 제이슨은 단순히 나의 직업뿐만 아니라 우리 가족 전체의 계층을 바꿨다. 내 경력에서 나는 몇 번이나 계층을 이동했다. 그 과정은 매번 쉽지 않았다. 지금 이 책을 쓰는 것도 같은 여정의 일부다. 작가로 인정받는 일 역시 어렵다. 작가들은 자신들의 영역을 지키려 하고, 출판 업계에도 기준이 있다. 게다가 요즘은 너무 많은 콘텐츠가 쏟아져 나와 공급이 수요를 초과하는 상황이다.

만약 자신만의 재능을 활용해 돈을 벌고 싶다면, 산업 내 계층, 그리고 산업 간 계층 구조를 신중하게 고려하고 조사해야 할 것이다.

역사적으로 계층 구조는 언제나 존재했다. 여기서 말하는 계층은 인종이나 민족과 같은 사회적 신분이 아니다. 돈과 권력의 계층을 의미한다. 물론 둘 사이에 겹치는 부분이 있을 수 있다.

교육 수준은 계층을 결정하는 중요한 요소이다. 앞서 2장에서 언급한 것처럼, 평균적으로 대졸자는 고졸자보다 10배 더 많은 자산을 가진다. 대학원 학위를 가진 사람과 고졸자 사이의 격차는 더욱 벌어진다. 부유한 가정에서 태어나 많은 시간과 돈을 들여 대학원까지 마쳤다면, 상위 계층에 머물 확률이 높지만 보장되는 것은 아니다.

교육 수준에 따른 미국 내 중위 순자산

- 고등학교 미졸업: 약 3만 8,000달러
- 고등학교 졸업: 약 10만 7,000달러
- 대학교 졸업: 약 46만 4,000달러

(출처: 연방준비제도, 2022년 기준)

실제로는 대학 학위 없이도 할 수 있는 직업도 많다. 하지만 채용 과정에서 학위가 없으면 기회조차 얻기 어렵다. 이러한 현실은 바람직하지 않지만, 어쩔 수 없는 현실이다. 물론 항상 예외는 있다. 빌 게이츠처럼 대학을 졸업하지 않아도 크게 성공한 사람들도 있다. 그러나 보편적으로 교육은 계층 구조를 유지하는 핵심 요소이다.

국가 간 계층 구조

계층 구조는 개인뿐만 아니라 국가 간에도 존재한다. 어떤 나라는 다른 나라보다 훨씬 부유하다. 이런 차이는 문화, 법치주의, 지리적 요인과 밀접한 관련이 있다. 예를 들어, 북미 대륙은 아프리카보다 200배 더 많은 부를 보유하고 있다. 산업혁명은 전 세계적인 변화였지만, 북미에서는 엄청난 경제 성장을 이끌어낸 반면, 아프리카에서는 상대적으로 그 영향력이 미미했다.

대륙별 성인 1인당 평균 자산

- 북미: 약 56만 달러
- 유럽: 약 18만 달러
- 중국: 약 7만 6,000달러
- 아시아 · 태평양: 약 6만 4,000달러
- 라틴아메리카: 약 2만 7,000달러
- 인도: 약 1만 5,000달러
- 아프리카: 약 8,500달러

(출처: 크레디트 스위스 글로벌 웰스 리포트)

지역 간 계층 격차의 원인 중 하나는 에너지를 활용하는 방식에 있다. 인류는 근력에서 증기로, 또 이후로는 핵에너지 사용으로 발전하면서 발휘할 수 있는 힘이 급격히 증가했다. 교육과 부와 마찬가지로 에너지 사용 방식도 지역에 따라 크게 다르다.

즉, 교육 수준이 낮고 아프리카에 거주한다면 구조적으로 경제적 성공 기회가 훨씬 적다. 계층 안의 또 다른 계층에 갇힌 셈이다. 이것이 우리가 마주한 냉혹한 현실이다.

1인당 에너지 사용량

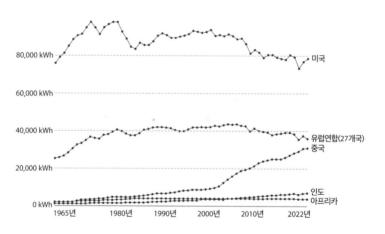

(출처: Our World In Data(ourworldindata.org/grapher/per-capita-energy-use))

개인의 습관과 계층

개인의 습관이 계층을 결정하기도 한다. 계층 구조를 형성하는 요인은 경제적 배경과 교육 수준뿐만이 아니다. 개인의 생활 방식과 습관 또한 중요한 영향을 미친다.

예를 들어, 통계적으로 기혼자가 미혼자보다 더 많은 자산을 보유하는 경향이 있다. 또한 중독(알코올, 도박, 마약 등)에 빠진 사람들은 그렇지 않은 사람들보다 평균적으로 봤을 때 경제적 불이익을 받을 가능성이 높다. 이를 뒷받침할 구체적인 통계를 보지 않아도 주변에서 흔히 볼 수 있는 명확한 사실이다.

자신의 계층을 바꾸고 싶다면, 먼저 자기가 속한 나라의 경제 구조를 이해해야 한다. 그다음으로는 산업별 특징을 파악하고, 기업 내부에서 어떻게 움직여야 하는지를 고민해야 한다. 그리고 그 내용은 다음 장에서 다룰 것이다.

산업별 현금 흐름의 차이

산업마다 현금 흐름에는 큰 차이가 있다. 물론 기업의 이익은 경기 순환에 따라 변동하며, 경제가 호황인지 불황인지에 따라 달라진다. 예를 들어, 수도 · 전기 같은 산업은 경기와 상관없이 항상 수익을 낸다. 반면 자동차 · 주택 산업은 경제가 호황일 때, 즉 소득이 증가하고(실업률이 낮고) 대출 금리가 낮을 때 호조를 보인다. 많은 사람들이 자동차와 주택을 신용을 통해 구매하기 때문이다.

경기와 관계없이 경쟁이 심하지 않은 사업도 있다. 은행은 규제 덕분에, 공공시설(수도 · 전기)은 독점적 지위 덕분에 경쟁이 제한된다. 반면 반도체 · 소프트웨어 같은 산업은 규모의 경제를 통해 경쟁력을 확보한다.

일부 산업은 호황기에만 규모의 경제를 누린다. 대표적인 예가 석유 산업이다. 유전 사업에는 일정한 고정비가 발생한다. 경기 호황으로 유가가 상승하면 고정비는 그대로지만 기업의 이익은 급증한다.

산업별 마진(이익률)

- 높은 마진: 금융, 석유 · 가스, 기술
- 중간 마진: 외식업, 건설, 물류(운송)
- 낮은 마진: 레저, 소매, 미디어

(출처: 뉴욕대학교)

산업의 흥망성쇠와 변화

앞서 언급했듯, 창조적 파괴는 산업의 흐름에 큰 영향을 준다. 예를 들어, 출판업을 포함한 미디어 산업은 최근 어려움을 겪고 있다. 왜일까? 오늘날 누구나 책을 출판하거나 기사를 쓸 수 있기 때문이다. 공급이 무한대로 늘어나면 가격이 떨어지는 것은 당연하다. 나 역시 책을 출판하면서 이를 직접 경험했다. 책을 쓰는 보람은 있지만, 돈을 벌기에 좋은 산업이 아니다.

산업별 수익성 차이는 단순한 개념이 아니라 우리 삶과 밀접해 있다. 산업이 다르면 소득 수준도 다르고, 그에 따른 문화도 다르다.

나는 언론에서 금융업으로 이직하면서 완전히 새로운 환경을 접하게 됐다. 본질적으로는 하는 일은 같았다. 컴퓨터 앞에 앉아 세상을 분석하고, 이를 글로 정리하는 것이었다. 하지만 '사회적 계층'이 바뀌었다는 것은 실감했다.

그러면서 무엇보다 가장 먼저 금융업계의 언어를 익혀야 했다. 내게 이직을 제안한 상사 제이슨은 "돈을 버는 법을 배우는 것"이 금융업의 본질이라고 말했다. 아침마다 베이글과 커피를 사면서도 새로운 금융 용어를 익혀야 했다.

금융업에 발을 들이기 전, 나는 연봉 3만 8,000달러를 받으며 쥐가 들끓는 곳에서 일했다. 그런데 연봉 7만 5,000달러를 받자, 나는 이제 좀 제대로 '돈을 번다'라고 생각했다. 덕분에 방이 두 개 있는 아파트로 이사했고, 세탁기를 들였고 더 이상 빨래방에 갈 필요가 없어졌다.

하지만 제이슨이 말하는 '돈을 번다'는 개념은 달랐다. 그의 말은 단순한 월급이 아니라 부자가 되는 것을 의미했다.

"네 '숫자number'는 얼마야?"

한번은 고객을 만나러 가는 길에 동료가 내게 물었다. 무슨 뜻인지 몰라 되물었더니 다음과 같은 대답이 돌아왔다.

"은퇴 목표 금액 말이야. 나는 200만 달러야. 계좌에 200만 달러가 쌓이면 이 일을 그만둘 거야. 우리 집은 마당이 넓거든. 난 그때부터 정원을 가꾸면서 살 거야."

나는 조용히 고개를 끄덕였다. 젊은 나이에 은퇴를 꿈꾸는 것은 어딘가 부적절하게 느껴졌다. 할아버지와 아버지에게 배운 영향 때문인지, 아니면 나 스스로 그렇게 생각하게 된 것인지 모르겠지만, 나는 '부자가 되어야 한다'가 아니라 '평생 일해야 한다'라고 배웠다.

그때까지 나는 내 또래 중 부자가 된 사람을 한 명도 본 적이 없었다.

가면을 쓰고 금융 세계에 들어서다

제이슨은 트레이딩 플로어에서 누가 얼마나 버는지에 따라 엄청난 연봉 차이가 있다고 암시했다. 그렇다면 연봉 목록에는 각각 어떤 금액이 적혀 있을까? 모든 조직과 산업에는 이런 연봉의 차이가 존재한다. 중요한 것은 그 금액들이 무엇을 의미하는지 파악하고, 자신이 연봉표에서 더 유리한 위치로 이동할 방법을 찾는 것이다.

은행원이 되었을 때, 내가 알고 지내던 사람들 대부분은 금융과 관련이 없는 사람들이었다. 나는 마치 변장을 하고 출근하는 기분이었고, 내가 아닌 다른 사람이 된 것처럼 행동했다. 심각한 '가면 증후군imposter syndrome•'에 시달렸다.

"새로운 직장은 어때?"

예전에 대학원을 다니던 시절 알게 된 지인이 물었다. 그때

•   자신의 성공을 노력이 아닌 운의 탓으로 돌리고 자신의 실력이 드러나는 것을 꺼리는 심리.

만 해도 나는 아내와 함께 데이트를 하면서, 케임브리지 거리를 천천히 돌며 버려진 가구를 찾아다니곤 했다.

"그냥 세상이 어떻게 돌아가는지 읽고, 앞으로 무슨 일이 일어날지 예측하는 거야."

우리는 그의 3층 주택 주방에 앉아 있었다. 그는 아내의 월급과 1층 세입자의 임대료로 살고 있었다.

"와, 신문이나 읽고 돈을 번다니. 나도 그러고 싶다." 그는 쓴웃음을 지었다.

나는 그의 분노를 이해했다. 밖에서 보면, 은행원들은 그저 신문을 읽는 대가로 말도 안 되는 돈을 버는 것처럼 보였다. 하지만 내부에 들어가 보니, 그들이 어떻게 그렇게 많은 돈을 버는지 알게 되었다. 공정하진 않았지만, 그것이 현실이었다.

내가 처음 배치된 곳은 외환 거래 부서였다. 대기업 고객이 유럽에서 발생한 수익을 미국으로 송금해야 하는 상황을 가정해 보자. 이들은 몇백 달러 수준이 아니라 1,000만 달러, 5,000만 달러, 심지어 인수합병의 경우 10억 달러 단위로 돈을 움직였다.

이게 바로 '스케일'이다. 10억 달러를 옮기는 것은 1,000만 달러를 옮기는 것과 비교해 별다른 추가 노력이 필요하지 않았다. 비용은 고정되어 있었고, 수익은 거래량과 가격에 따라 결정되었다. 이는 마치 유전의 시추 시설과 같았다.

은행은 거래마다 남기는 마진이 적은 편이다. 하지만 총 거래 금액이 어마어마하기 때문에, 작은 차이로도 큰 수익을 벌어들인다. 예를 들어 미국 기업이 독일 기업을 인수한다고 가정해 보자. 당시 1달러는 1.90마르크였으니, 은행은 고객에게 1.899마르크의 환율을 제시한다. 차이는 0.001마르크에 불과하지만, 10억 달러를 환전할 경우, 은행이 얻는 수익은 52만 6,000달러가 된다. 단 한 통의 전화로 수십만 달러를 버는 것이다. 조금만 더 높은 가격에 팔아도 수익은 기하급수적으로 커진다.

이러한 이유로 이 거래의 관리자, 즉 내 상사의 상사는 그렇게 많은 돈을 벌 수 있었다. 그리고 또 하나, 이렇게 거대한 자금이 오가는 환경에서는 작은 실수 하나가 엄청난 손실로 이어질 수 있다.

내가 은행원이 되기 직전, 베어링스 은행의 닉 리슨^{Nick Leeson}이 20억 달러의 손실을 은폐하며 100년 된 은행을 파산시켰다. 내 소머빌 친구는 이렇게 물었을지도 모른다. "대체 어떻게 20억 달러나 숨길 수 있어?"

그러나 금융업계에 몸담고 보니, 어느 정도 짐작을 할 수 있었다. 거래는 몇 분마다 빠르게 이루어지는데, 만약 한 트레이더가 몇 주 동안 '싸게 사서 비싸게 판다'라는 원칙을 거스르고 그 반대로 행동한 뒤, 이를 감춘다면 손실은 순식간에 거대한 눈덩이처럼 불어날 것이다.

머리가 좋은 것과 돈을 버는 것은 별개다

은행에서 점차 업무에 익숙해지자 나는 동료들을 평가할 여유가 생겼다. 나는 브라운 대학교를 다녔는데, 그곳에서 정말 뛰어난 학생들을 많이 만났다. 어떤 학생은 하룻밤 만에 복잡한 주제에 대한 30쪽짜리 논문을 작성하고 A를 받을 정도로 똑똑했다. 여러 언어를 구사할 수 있거나 엔지니어링과 조각을 동시에 공부하는 등 다재다능한 사람들이 많았다.

하지만 그런 천재들 중에서도 내 주변에는 큰돈을 번 사람은 없었다.

트레이딩 플로어에서 일하는 사람들은 내가 알고 있던 사람들과는 전혀 다른 부류였다. 아이비리그를 졸업한 사람도 거의 없었고, 책을 많이 읽는 사람도 드물었다. 우리가 거래하는 나라들의 경제 상황을 깊이 이해하는 사람도 없었다. 대부분은 회계나 경영을 공부한 사람들이었고, 보수적이며 공화당을 지지했다. 자유주의자에 대한 경멸과 부자에 대한 존경은 너무 당연해서 굳이 말할 필요도 없는 분위기였다. 로널드 레이건은 신이나 다름없었다.

그러나 내가 보기에 그들은 의사나 변호사보다 더 많은 돈을 벌어야 할 이유가 없어 보였다. 그들이 가진 특별한 능력이 아니라, 단지 그 자리에 위치하고 있다는 사실이 중요했다. 보유한 자격과 금융 인프라에 대한 접근 권한이야말로 은행에서 일하는 것의 핵심이었다. 우리는 그저 전선에서 지시를 따르는 병사들일 뿐이었다.

이 구조가 의미하는 또 다른 사실이 있다. 한번 해고당하면, 또 다시 이런 돈을 벌 기회가 사라진다는 것이다. 그리고 해고는 매우 빈번하게 일어났다. 누구나 불안감을 안고 살았다.

예를 들어 어느 날 아침 7시, 트레이더들과 영업팀을 대상으로 하는 시장 브리핑을 진행하기 위해 회의실로 들어가려던 참이었다. 그때 한 고위 관리자가 나를 따로 불렀다.

"오늘은 평소보다 좀 길게 이야기해 주게."

나는 고개를 끄덕였고, 그가 낮은 목소리로 덧붙였다.

"몇 명 정리할 사람이 있어."

내가 회의실에 들어가려는 순간, 대여섯 명의 동료들이 인사부로부터 자리에 남으라는 이메일을 받았다. 회의가 끝나고 나왔을 때 그들은 사라졌고, 다시는 볼 수 없었다.

그들이 무슨 잘못을 저질렀는지 나는 알지 못했다. 그러나 우리는 아무 일도 없었던 것처럼 다시 책상에 앉아 일을 시작했다. 나는 해고된 사람들이 회사 밖 거리에서 울고 있을 모습을 상상했다.

아마도 그들을 해고할 만한 정당한 이유가 있었을 것이다. 하지만 그것이 무엇인지 우리가 알 길은 없었다.

금융업계의 불문율

금융업계에는 복잡한 용어와 극심한 경쟁이 존재했지만, 옷

차림에 대한 규율도 있었다. 나는 트레이딩 플로어에 처음 출근한 날, 갈색 정장을 입었는데, 나를 본 제이슨이 곧바로 나를 불렀다.

"정장은 검정, 회색, 혹은 남색이야. 갈색은 안 돼. 셔츠는 흰색이나 하늘색, 금요일이면 체크무늬 정도는 괜찮아."

그날 이후, 나는 다시는 갈색 정장을 입지 않았다. 기자에서 금융인으로의 전환은 단순한 직업 변화가 아니었다. 그것은 계층의 이동이었다. 하지만 그것이 마지막 이동은 아니었다.

금융업계에도 보이지 않는 계층 구조가 존재했다. 나는 궁금해졌다. '은행에서 일하면 돈을 많이 번다고 하지만, 그중에서도 누가 가장 많이 벌까?' 그 답을 찾기 위해 유명한 트레이더들의 책을 읽고, 은행 외에도 외환 거래를 하는 사람들이 누구인지 조사하기 시작했다.

은행에서 가장 수익성이 높은 부서는 '프랍 데스크Prop Desk'라 불리는 곳이었다. 프랍 트레이딩Proprietary Trading은 은행의 자본을 이용해 직접 투자하는 방식이었다. 자본만 있다면, 컴퓨터의 몇 개 버튼만 눌러도 큰돈을 벌 수 있었다.

그러나 문제는 시장 예측이 극도로 어렵다는 점이었다. 내 동료들 대부분은 모험을 감수하기보다 보수적인 태도를 유지했다. 안정적으로 수십만 달러의 연봉을 받는 것이 더 나았고, 굳이 리스크를 감수하며 더 많은 돈을 벌 필요성을 느끼지 않았다. 만약 시장 예측에 실패하면 하루아침에 해고될 수 있는 자리였다. 그래서 아무도 프랍 트레이딩을 하지 않았다.

그러나 다른 곳에서는 이 방식으로 엄청난 돈을 버는 사람들이 있었다. 그중 한 사람이 바로 레이 달리오였다. 그는 시장 예측에 집중하며 장기적으로 투자하는 헤지펀드 브리지워터를 설립했다. 그의 헤지펀드는 전문화를 통해 은행에서는 찾을 수 없는 방식으로 투자했다. 예를 들어, 브리지워터에서는 하나의 연구 프로젝트를 수년에 걸쳐 진행하기도 했다. 은행은 결코 이런 방식으로 투자하지 않았다. 이런 차이로 그의 헤지펀드는 시장에서 우위에 설 수 있었다.

레이 달리오와의 만남

레이 달리오와의 만남은 우연히 이뤄졌다. 내가 다니던 은행이 뱅크오브아메리카에 인수되면서, 나는 해고되었다. 다시 일자리를 찾던 중 인맥을 통해 결국 레이 달리오에게까지 다다르게 되었다. 그리고 그와의 만남은 내게 새로운 전환점이 되었다.

면접 날, 레이는 반바지에 크록스를 신고 있었다. 양말도 신지 않았다. 그의 복장은 분명한 메시지를 담고 있었다.

"나는 정장과 넥타이, 파란색과 흰색 셔츠 같이 어리석은 규칙을 따르지 않는다. 내가 내 규칙을 만든다. 그리고 당신도 그만큼의 돈을 벌면 그렇게 할 수 있다."

2004년, 나는 강이 내려다보이는 회의실에 앉아 있었다. 당시 나는 30대 중반이었고 어린 자녀 둘을 둔 가장이었는데, 바로 레이가 찾던 유형이었다. 경제적 책임이 크고 성공에 대한 갈망이 있는 사람.

"자, 시장에 대해 아는 걸 말해보게."

레이가 물었다.

"은행에서 저는 주로 외환을 다뤘습니다."

"환율을 어떻게 생각하는가?"

"기본적으로 공급과 수요의 문제로 봅니다."

"계속해 보게."

그는 눈을 떼지 않고 말했고, 나는 환율이 어떻게 형성되는지에 대해 자세히 설명했다. 레이는 고개를 끄덕이며 말했다.

"우리도 비슷한 방식으로 접근하지. 다만 우리는 그 자금 흐름이 앞으로 어디로 향할지를 예측하려고 한다네."

그는 내가 쓰던 분석의 틀을 더 멀리 내다보는 방식으로 확장하고 있었다. 상당히 영리한 접근법이었다.

당시 브리지워터는 아직 작은 회사였기에, 레이가 직접 모든 면접을 진행했다. 물론, 그를 포함한 여러 사람의 평가를 통과해야 했다. 다행히 나는 채용되었다.

부의 이면에 감춰진 노력

입사하자마자 나는 투자에 대해 집중적인 교육을 받았다. 포트폴리오를 이해하려면 모든 구성 요소를 숙지해야 했고, 브리지워터는 이를 철저하게 가르쳤다. 일련의 구술 시험을 통과해야 했는데, 몇몇 과제는 여러 번 낙제 끝에 겨우 합격할 수 있었다.

나는 더 이상 은행원이 아니었다. 이제 헤지펀드 업계 사람이었다. 또 한 번의 계층 이동이었다.

은행은 일종의 통행료를 걷어가는 곳이었다. 유럽에서 미국으로 돈을 이동시키기 위해 일정 수수료를 내야 했다. 반면, 헤지펀드는 구독 모델과 유사했다. 고객이 브리지워터에 자금을 맡기면 매년 관리 수수료를 지불하고, 운용 수익이 발생하면 추가 성과 수수료를 내는 방식이었다. 예를 들어, 1억 달러의 자금을 맡기면 연간 2%의 관리 수수료(200만 달러)를 내야 했고, 만약 10%의 수익(1,000만 달러)을 올리면 추가 성과 수수료(200만 달러)가 붙었다. 즉, 총 400만 달러를 브리지워터에 지급하는 구조였다.

회사가 성장할수록, 레이는 점점 더 큰 부를 축적했다. 직원인 우리는 은행과 같은 다른 회사에서 받을 법한 연봉과 성과급을 받았지만, 소유주인 레이는 천문학적인 부를 쌓았다. 내가 근무하는 동안, 레이는 세계에서 가장 부유한 사람 중 한 명으로 올라섰다.

막대한 부를 가진 레이는 사람들의 선망을 받았지만, 정작 그가 이를 이루기 위해 들인 노력과 인내에 주목하는 사람은 거의 없었다. 나는 레이만큼 집요하게, 그리고 끊임없이 일하는 사람을 본 적이 없다. 그는 하루도 빠짐없이 매일 같이 몰입했다.

하지만 계층 이동은 결코 쉽지 않았다. 좋은 대학에 들어가는 것도, 기자가 되는 것도, 은행원이 되는 것도, 헤지펀드 업계로 들어가는 것도 모두 어려운 과정이었다. 레이와 함께 일한 지 16년이 지난 후, 나는 떠났다. 레이는 '추장'이었고, 나는 '전사'였다. 그리고 내가 아무리 오래 일해도 그 역할은 바뀌지 않을 것이다.

여기에 더해, 두 가지 변화가 생겼다. 첫째, 나는 충분한 자산을 모아 경제적 자유를 얻었다. '큰돈'을 쓰며 살 수는 없어도, 충분히 먹고살 수는 있었다. 둘째, 이제는 '고용인'이 아닌 '주인'이 되고 싶었다. 더 정확히 말하면, 누군가의 기대에 맞춰 사는 것이 아니라, 내 자신의 진리를 탐구하며 나의 방식대로 돈을 벌고 싶었다.

이제 나는 갈림길에 서 있었다. 어떻게 해야 할까?

돈을 버는 데 정해진 규칙이 없듯, 이 질문에도 정답은 없다.

현재 나는 돈을 관리하며 글을 쓰고 있다. 투자는 어렵지만 잘하면 높은 수익을 얻을 수 있다. 그리고 팀과 함께 일하기 때문에 함께 고민하고 의견을 나눌 수 있다는 장점이 있다. 그래서 나는 '케이트 캐피탈Kate Capital'이라는 자산운용사를 설립했다. 나는 직원이 아니라, 주인이 되는 또 한 번의 계층 이동을 겪었다.

글쓰기도 새로운 도전이었다. 글을 쓰는 일은 훌륭한 일이지만 글을 써서 돈을 벌 수 있는 사람은 극소수다. 내가 존경하는 작가들 대부분은 다섯 번째나 여섯 번째 책을 낸 후에야 인정을 받았다. 어떤 이는 사후에야 비로소 평가받았다.

게다가 글쓰기는 철저히 고독한 작업이다. 오랜 시간 동안 혼자 보내야 한다. 적당한 고독은 좋지만, 과연 나는 얼마나 이를 감당할 수 있을지도 의문이었다. 그리고 독자의 시선을 빼앗을 수 있을 만큼 좋은 글을 써야 한다는 부담도 있다.

나는 또 한 번 계층 이동을 할 수 있을까?

잘 모르겠다. 하지만 도전해 볼 것이다. 그것이 나의 여정이다.

계층을 뛰어넘고 싶은가?

이제 기본적인 질문을 던질 차례다. 당신은 지금의 계층을 뛰어넘고 싶은가? 반드시 그래야 할 필요는 없다. 하지만 내가 아는 많은 사람은 그러길 원했고, 이 글을 읽고 있는 당신도 아마 마찬가지일 것이다.

지금 처한 상황이 원하는 대로 흘러가지 않는다면, 당신에겐 변화가 필요하다. 하지만 그 변화는 절대 당신이 원하는 결과를 보장해주지는 않는다. 부의 상위 10%에 드는 사람들은 게임의 법칙을 이해하고 따르는 방식으로 그 위치에 올라선다. 반면, 상위 1%에 드는 사람들은 그 법칙을 분석하고, 그것을 합법적으로 깨뜨리는 방법을 찾아낸다. 그렇게 해야만 올라갈 수 있는 경우도 있기 때문이다.

나는 레이를 가까이에서 지켜보면서 확신했다. 그는 결코 치과 의사나 평범한 전문직이 될 만한 사람이 아니었다. 끊임없는 질문과 도전, 기존 틀을 깨려는 혁신적인 그의 마인드셋은 안정적이고 예측 가능한 직업과는 거리가 멀었다. 레이는 항상 더 큰 그림을 그리고, 새로운 패턴을 찾아내며, 자신만의 길을 개척하려 했다.

모든 시도는 하나의 도전이다

나는 이 계층 구조를 조금씩 이해하며 그 틀 안에서 움직이려 했다. 돈은 성공의 절대적인 척도가 아니다. 부의 흐름에는 논리적인 이유가 있지만, 그것이 반드시 '공정한' 것은 아니다. 성공한 작가가 되는 것이 반드시 많은 돈을 버는 것을 의미하지는 않지만, 그것 또한 하나의 계층이다.

어떤 길을 선택하든, 시스템이 어떻게 작동하는지 명확히 파악해야 한다. 자연스럽게 유리한 위치를 차지할 수 있는 게임을 선택해야 한다. 계층 구조를 분석해야 한다. 우리는 어떤 형태로든 계층 안에 존재하게 된다. 그렇다면 스스로 원하는 계층을 선택해야 한다. 그리고 그 계층이 당신을 받아줄지를 확인해야 한다.

계층을 이해하기 위해서는 조직에 대한 이해가 필수다. 특히 직장처럼 하나의 작은 사회를 이루는 곳에서는 더욱 그렇다. 그리고 이 과정에서 빠질 수 없는 것이 바로 사내 정치다.

사내 정치는 대부분 불편하다고 느끼는 주제지만, 이것 또한 돈이 움직이는 세계에서 피할 수 없는 현실이다. 그렇다면 모른 척할 것이 아니라, 오히려 정면으로 마주해야 한다.

다음 장에서는 바로 이 사내 정치를 다뤄볼 것이다.

조직에서 살아남기

사내 정치는 누구에게나 영향을 미친다.
능숙한 사람들은 마치 정치에
전혀 개입하지 않는 것처럼 보이지만,
사실은 그만큼 잘하고 있다는 뜻이다.
최소한 우리는 스스로를 옹호하는 법 정도는 배워야 한다.

피할 수 없는 사내 정치

누구나 조직에서 자신의 위치를 찾아가는 과정에서 반드시 '사내 정치office politics'를 경험하게 된다. 만약 당신이 조직의 최고 결정권자라면 큰 문제가 되지 않을 수 있지만, 상사가 있다면 상황이 달라진다. 단지 동료들과 좋은 관계를 유지하는 것을 넘어, 조직이 원하는 바를 충족시키는 동시에 자신이 원하는 것을 얻는 방법을 익혀야 한다. 조직이 클수록 내부 정치는 더욱 복잡해진다.

학교에서는 암기력이 뛰어나면 좋은 성적을 받을 수 있다. 하지만 이러한 능력이 직장에서의 성공을 보장하지는 않는다. 실제로 하버드를 졸업해도 직장에서 해고되는 일은 빈번하다. 사내 정치에서 가장 중요한 방어책은 자신의 업무에서 탁월함을 증명하고, 조직에 기여할 기회를 찾으며, 타인의 필요에 집중하는 것이다.

"좋아하는 일을 하라$^{Do\ what\ you\ love}$"라는 조언을 들어본 적 있을 것이다. 이는 잘못된 충고다. 기본적으로 '다른 사람이 반드시 필요로 하는 일'을 해야 한다. 또한 보상 체계는 본질적으로 주관적이기 때문에 다른 사람이 반드시 필요로 하는 일을 한다고 해도 공정한 보상을 보장받을 수 없다. 결국, 사내 정치를 얼마나 잘 하느냐가 보상에 직접적인 영향을 미친다.

사내 정치의 구성 요소

사회적 관계를 형성하는 법은 학교에서 동아리 활동이나 조별과제를 하며 배울 수 있다. 이러한 경험은 사내 정치에도 일부 도움이 된다. 하지만 사내 정치는 명확히 승패가 갈리는 게임에 가깝다. 스포츠 팀의 경우 모든 팀원이 함께 승리하거나 패배하지만, 직장에서는 그렇지 않은 경우가 많다. 내가 속했던 조직에서는 더욱 그랬다.

사내 정치에는 몇 가지 주요 요소가 있다. 위계 구조^{hierarchy}, 성향, 갈등을 읽는 법, 안전에 대한 욕구, 그리고 레버리지다.

이러한 요소들을 설명하기에 앞서, 명확한 평가 기준이 있는 일과 그렇지 않은 일을 구분할 필요가 있다. 대부분의 직업에는 객관적인 성과 지표가 없으며, 이에 따라 개인의 기여도를 두고 의견이 엇갈릴 수밖에 없다.

예를 들어, 야구 투수의 실력은 스트라이크와 볼의 비율, 방어율 등의 수치로 명확하게 평가된다. 마찬가지로, 금융 분야에서 직접 매매 결정을 내리는 투자자의 성과도 숫자로 드러난다. 이런 직업을 가진다면 상대적으로 돈을 벌기가 수월하다. 물론, 그만큼 스트레스도 크지만 말이다.

반면에 작가, 교사, 경찰, 의사, 변호사, 영업직처럼 명확한 성과 지표가 없는 직업은 상황이 다르다. 이런 경우, 개인의 기여도를 둘러싼 논란이 발생하기 쉽다. 고용주는 직원에게 가능한 임금을 적게 지급하려 하고, 직원은 최대한 많은 보상을 받으려 한다. 이처럼 이해관계가 충돌하는 환경에서는 자신의 기여도를 조직 내에서 긍정적으로 평가받을 수 있도록 조정하는 능력이 필수적이다.

이제, 사내 정치를 효과적으로 활용하는 방법을 살펴보자.

조직에서 살아남는 법:
위계와 권력

모든 조직에는 위계가 존재하며, 이를 명확히 이해하는 것이 중요하다. 군 복무 경험이 있는 동료들은 조직의 계층 구조를 파악하는 능력이 뛰어났다. 조직도를 파악하고 각 역할과 책임을 분석해 보면, 끊임없이 쏟아지는 이메일과 요청 속에서 무엇을 우선해야 할지 판단하는 기준이 생긴다.

특히 연봉을 최우선 목표로 삼는다면, 가능한 최소 단계를 거쳐 돈이 흐르는 곳에 도달하는 것이 중요하다. 예를 들어, 내가 근무했던 은행에서는 돈이 두 가지 경로를 통해 흘러왔다.

첫째는 고객을 통해 유입되는 돈이었다. 나는 직접 고객을 상대하지 않았지만, 영업팀이 고객을 유치하도록 돕는 것이 내 역할 중 하나였다. 영업팀이 성과를 내면, 나 역시 조직 내에서 가치 있는 존재가 될 수 있었다. 현금 유출을 줄이는 것도 중요하지만, 가장 효과적인 방법은 현금 흐름을 창출하는 핵심 인물 중 하나가 되는 것이다.

둘째는 성과급 지급 기준이었다. 성과급을 어떤 기준으로 분배할지는 내 상사의 상사인 짐이 결정했다. 따라서, 나는 짐과 좋은 관계를 유지하는 것이 중요하다고 판단했다.

입사 초기, 제이슨은 내게 이렇게 말했다.

"짐은 달러 강세론자야."

즉, 짐은 달러 가치가 상승할 것이라는 신념을 갖고 있었다. 나는 개인적으로 그 의견에 동의하지 않았지만, 이를 공개적으로 반박하지 않았다. 대신, 짐이 강한 확신을 가진 주제라는 점을 기억하고, 만약 달러 약세 전망을 제시해야 할 경우에는 압도적인 증거가 필요하다는 점을 염두에 두었다.

이처럼 사내 정치에서 성공하려면 단순한 실력만으로는 부족하다. 누가 결정권을 쥐고 있는지 파악하고, 그들의 신념과 의사결정 과정을 이해하는 것이 필수적이다.

상사와의 관계: 친밀감과 거리 두기의 기술

내 접근 방식이 비겁했던 걸까? 나는 그렇게 생각하지 않았다. 나는 운동도 잘하고 다혈질이었던 형과 함께 자랐다. 여덟 살짜리 동생이 열두 살 형을 이길 가능성은 없다. 어린 나이에도 나는 세상에는 나보다 강한 힘이 존재한다는 사실을 깨달았고, 그 힘에 정면으로 맞서기보다 우회하는 법을 배웠다. 그렇지 않으면 철저히 짓밟힐 수도 있기 때문이다.

상사에게 굽실거리라는 의미는 아니다. 괜찮은 상사라면 오히려 그런 태도를 불편해할 것이다. 중요한 것은 '마치 동등한 입장에서 대하는 것처럼' 행동하는 것이다. 하지만 어디까지나 '연기'일 뿐이다. 때로는 위계를 분명히 인정하는 태도를 보여야 한다. 그가 당신의 상사라는 사실을 알고 있음을 자연스럽게 드러내야 한다. 그래서 각료들이 대통령에게 의견을 전할 때 "대통령께서는 ~라고 생각하십니다"라고 말하는 것이다. 이는 조직 내 위계를 강화하고 충성을 표하는 방식이다.

특히 미국의 직장 문화에서는 모두가 한 팀처럼 평등한 분위기를 조성하려 한다. 그러나 현실은 다르다. 조직 구조는 권위적이며, 당신의 직장은 상사의 의지에 따라 유지된다. 특히 대기업일수록 더욱 그렇다.

한때 나는 군인 출신의 뛰어난 대인관계를 갖춘 사람을 상사로 둔 적이 있었다. 그와 일할 때는 더욱 섬세하게 관계를 유지해야 했다. 나는 그와 친구처럼 지내야 했지만, 동시에 그가 나보다 높은 위치에 있음을 인정하는 태도를 보여야 했다. 그러나 나는 원래 위계를 존중하는 성향이 아니었고, 가끔은 내 태도에서 그것이 드러났다. 결국 그는 뒤에서 조용히 나를 견제할 기회를 잡았고, 실제로 그렇게 했다. 이는 내가 사내 정치를 잘못한 대표적인 사례였다.

조직 속 인물들의 성향을 파악하라

패션 디자이너 톰 포드Tom Ford는 좋은 정장이란 적대적인 세상에서 자신을 보호하는 '갑옷'과 같다고 말했다. 이는 상당히 일리가 있다. 특히 금융업계처럼 조직 내부의 역학이 복잡하고 긴장감이 감도는 직장에서는 더욱 그렇다. 나 역시 직장에서 단 한 순간도 완전히 안전하다고 느낀 적이 없었다. 나에게도 그런 '갑옷'이 필요했지만, 톰 포드 정장을 살 만큼 돈을 쓰고 싶지는 않았다. 어쩌면 금융업계가 더 극단적일 수도 있지만 나에게는 현실의 삶이었다. 어느 정도는 많은 직종에서 이런 상황이 존재한다고 생각한다.

조직도를 숙지한 후에는 거기에 속한 사람들의 성향을 면밀히 관찰해야 한다. 마치 조류학자가 새를 연구하듯이 말이다. 누구에게나 강점, 편견, 결함이 있다. 버락 오바마가 일리노이주 하원의원이었을 당시, 그는 원래 좋아하던 농구뿐만 아니라 골프와 포커도 배웠다. 정치에서 사람들과 원만한 관계를 유지하는 법을 익히기 위해서였다.

내가 다니던 은행에서 상사였던 제이슨은 쇼핑을 좋아했다. 우리는 아침 일찍 출근해 업무를 시작했고, 오후가 되면 상대적으로 여유가 생겼다. 이 시간에 우리는 연구 과제를 수행하기도 했지만, 가끔은 휴식을 취할 때도 있었다. 제이슨은 종종 필린스 베이스먼트Philly's Basement라는 할인 매장에 가서 명품 정장을 저렴한 가격에 구입하곤 했다. 그리고 그는 혼자 가는 걸 싫어했다.

나는 원래 옷에 크게 관심이 없었고, 특히 정장은 더더욱 좋아하지 않았다. 그러나 그것은 중요하지 않았다. 내 상사는 쇼핑을 좋아했고, 나는 그를 따라갔다. 부서에는 다른 두 명의 직원이 있었지만, 제이슨은 그들에게 쇼핑을 함께 가자고는 하지 않았다. 집에 돌아와서 아내에게 이야기했더니, "좋겠네, 월급 받으면서 쇼핑도 하고"라고 말했다. 하지만 내 생각은 달랐다. 나는 단순히 쇼핑을 하러 간 것이 아니라, 사람들과 잘 지내는 것도 업무의 일부라고 생각했다. 이런 행동을 인사팀에서는 편향적이라고 싫어할 수도 있지만, 나는 그것을 생존 전략으로 여겼다.

팀 빌딩 활동에 참여하기

제이슨의 상사였던 짐은 '팀 빌딩'을 중요하게 여겼다. 그는 보스턴 항구에서 보트를 타고 와인 파티를 여는 것을 즐겼다. 어느 여름날 오후, 정장 차림의 직원들이 넥타이를 약간 풀어 헤친 채 배 위에 서 있던 모습이 떠오른다. 모두가 짐 주변에서는 조심스러워했고, 나 역시 예외는 아니었다. 하지만 나는 이런 기회가 있을 때 반드시 짐에게 다가가 가볍게 농담을 건네고, 그가 주최한 행사에 대한 감사의 말을 전한 후 자리를 옮겨 사람들과 어울렸다. 너무 오래 머무르지 않고, 상사로서 존중한다는 의미로 인사를 건네는 것이 핵심이었다.

짐 입장에서는 이런 모임을 개최하는 것이 일종의 리스크였다. 사람들이 오지 않거나, 와도 일찍 빠져나가 버리면 그의 입지가 불안해질 수 있었다. 그래서 나는 그가 위험을 감수하고 있다는 점을 이해하고, 짧게나마 그의 노력을 인정하는 태도를 보였다. 이런 작은 행동들이 나에게 긍정적인 영향을 주었는지는 확실하지 않지만, 최소한 손해가 되지는 않았다.

이런 자리에서는 '순환'하는 것이 중요하다. 한 자리에 너무 오래 머물러 있지 말고, 마치 사교 무도회에서 춤을 추듯이 여러 그룹을 돌아다녀야 한다. 만약 부서에 50명이 있고, 행사가 90분 동안 진행된다면, 몇 분 간격으로 새로운 그룹에 합류하는 것이 좋다. 그리고 동료들과 어울리는 것이 즐겁다는 듯한 표정을 짓는 것도 필요하다. 그저 또 하나의 업무를 처리하는 것에 불과할지라도 말이다.

직장 내 갈등을 읽는 법

나는 일했던 조직에서 항상 긴장감을 느꼈다. 조직 안에는 본래의 모습을 숨기고 가면을 쓴 사람들이 많다. 진짜 모습은 깊숙이 묻혀 있는 경우가 대부분이다. 내가 지금 새롭게 만드는 조직에서는 다른 분위기를 조성할 수 있기를 바란다.

그러나 정치적으로 복잡한 환경에서 일하다 보면, 가끔 사람들은 무심코 경계를 풀어버린다. 나는 이를 '신호'라고 부른다.

이것은 단순히 성격과는 다르다. 신호는 예상치 못한 순간에 불쑥 튀어나오며, 상대방의 성격과 관계에 대해 새로운 통찰을 제공한다. 예를 들어, 예전 직장이었던 은행에 꽤 미남인 영업사원이 있었다. 유명 월간지 GQ의 모델 출신이라는 소문까지 돌았는데 외모만 보면 충분히 가능성이 있어 보였다. 그는 자신의 매력을 잘 알고 있었고, 그의 신호는 묘하게도 '자신은 일반적인 규칙에서 벗어날 수 있다'라는 태도에서 드러났다.

아니나 다를까, 그는 통제 성향이 강한 사람이었다. 내 상사였던 제이슨이 회사를 떠난 후, 나는 수석 전략가로 승진했다. 내 역할은 금리와 환율을 예측하는 것이었다. 즉, 유로화와 달러 환율이 앞으로 6개월 후 어떻게 변할지를 분석하는 일이었다. 반면, 그 영업사원의 역할은 거래를 성사시키는 것이었고, 나의 분석 결과를 영업에 활용하는 것이 그의 임무였다.

영업사원과 전략가의 관계는 복잡하다. 영업사원은 고객과 직접 소통하며 시장의 최전선에서 자금을 운용하는 역할을 맡는다. 반면, 전략가는 시장을 분석하고 예측하여 조직 내 의사결정에 영향을 미친다. 정교한 분석을 제공할수록 전략가의 평판과 조직 내 영향력은 강화되며, 고객의 신뢰 또한 확보할 수 있다. 문제는, 영업사원이 담당하는 고객이 특정 방향의 시장 변화를 원할 때였다. 가령, 고객이 약한 유로화를 원하지만 내가 반대로 예측한다면, 자연스럽게 갈등이 생기는 것이다.

그는 나를 고객이 원하는 시장 전망으로 유도하려 했다. 이전 상사에게는 절대 하지 않던 행동이었다. 몇 주 동안 반복되던 그의 압박은 어느 날 사무실 한가운데서 폭발했다. 그는 나에게 다가와 면전에서 강압적인 태도로 훈계하기 시작했다. 주위 사람들도 지켜보고 있었다.

그 순간, 나는 뉴욕 주지사였던 마리오 쿠오모와 헨리 키신저가 사용했다는 전략이 떠올랐다. 상대방의 허리둘레를 언급하며 기선을 제압하는 방식이었다. 나는 침착하게 말했다.

"알겠어요. 그런데 괜찮아요? 살이 좀 찐 것 같아 보이네요."

그는 마치 전기 충격을 받은 듯 뒤로 물러섰고, 그 후로 나를 억압하려는 행동을 멈췄다. 물론, 누군가의 외모를 가지고 공격하는 것은 바람직한 일이 아니다. 하지만 가해자를 상대하는 방법 중 깨끗한 방식은 거의 없다. 특히 상대가 나보다더 높은 위치에 있지도 않은데, 마치 내 상사인 것처럼 행동하려 한다면 더욱 그렇다. 그가 내 진짜 상사였다면 절대 그런 말을 하지 않았을 것이다.

신호를 이용한 관계 전략

신호는 인간관계에서의 거리 조절에 유용한 도구이다. 상대방을 더 가까이 끌어당기거나, 반대로 밀어낼 수도 있다. 예를 들어, 힘든 하루를 보낸 사람이 상대방에게 가장 듣고 싶은 말은 "난 당신을 판단하지 않아"라는 메시지다. 그 한마디가 강력한 위로가 될 수 있다.

그러나 나 자신도 좋지 않은 신호를 보낼 때가 있다. 내 경우, 상황이 명확하게 정리되지 않았을 때 논리적인 사고력이 떨어지는 경향이 있었다. 이 점을 브리지워터에서 깨달았다. 그곳에는 마치 거대한 스프레드시트처럼 사고하는 사람들이 많았고, 그들과의 토론 자리에서 몇 번이나 제대로 반박당했다.

내 신호는 검증되지 않은 주장을 할 때 나타났다. 가령, 정치적 변화의 경제적 영향을 분석하면서 세부적인 재정 정책을 고려하지 않았을 때가 그렇다. 그럴 때마다 동료들에게 냉철한 지적을 받았다.

그 경험 덕분에 나는 논리를 더욱 명확하게 다듬으려는 노력을 하게 되었다. 이번 책을 집필하면서도 분석력이 뛰어난 사람들에게 원고를 검토받았다. 과거의 실수를 반복하지 않기 위해서였다.

조직에서 가장 중요한 것은 '안전'이다

대부분의 조직에서 구성원들이 가장 우선적으로 원하는 것은 안정감이다. 물론 더 높은 직급, 더 많은 연봉, 동료들의 인정 등 다양한 욕구가 존재하지만, 그 모든 것에 앞서 기본적인 생존을 보장받고자 하는 심리는 우리 모두에게 있다. 이는 매슬로의 욕구 단계에서 가장 기본적인 단계 중 하나이기도 하다.

직장에서 동료들과 상호작용을 한다면 지위고하를 막론하고 조직에서 그들이 원하는 것은 '안전함'이라는 점을 기억해야 한다. 실제로는 아무도 안전하지 않더라도 말이다.

한번은 브리지워터에서 내부 회의에 참석했을 때였다. 재무 보고 방식의 변화에 대한 발표가 있었는데, 발표자의 손이 떨리고 있었다. 같은 조직에 속해 있었지만, 그녀를 잘 몰랐고, 단지 내 직급이 그녀보다 높다는 사실만 알고 있을 뿐이었다.

하지만 그녀의 손끝이 미세하게 흔들리는 모습을 보고, 이 순간이 그녀에게 얼마나 중요한지 직감할 수 있었다. 떨리는 손은 그 사실을 분명하게 말해주고 있었다. 손이 떨린다는 것은 명백한 신호였다.

나는 잠시 그녀의 발표를 끊으며 "이거 정말 좋은데요. 큰 도움이 될 것 같습니다"라고 말했다. 사실, 그만큼 큰 관심이 있었던 것은 아니었지만, 그렇게 반응하자 그녀는 숨을 고르고 손을 멈췄다. 사소한 일이었지만, 이것이 그녀에게 안정감을 주었고 이후 그녀는 나에게 우호적인 태도를 보이게 되었다.

사람들은 일하면서 종종 불안한 상황에 놓인다. 논쟁적인 회의에 참석할 수도 있고, 실수를 인정해야 하는 순간이 올 수도 있다. 이런 순간에 상대를 더 불안하게 만들 수도 혹은 그를 수용하고 지지할 수도 있다. 그 사람을 받아들이는 태도를 보이면 그는 당신의 동맹이 될 가능성이 높다.

비슷한 사례로, 한 동료가 회사 행사에서 과음한 적이 있다. 나는 술을 마시지 않았기 때문에 그 모습을 뚜렷하게 기억하고 있다. 만약 내가 이를 문제 삼았다면 그는 큰 곤란을 겪었겠지만 나는 그날의 일을 입 밖에 내지 않았다. 그가 내게 느꼈을 안도감은 이후 관계에 영향을 주었을 것이다.

레버리지:
조직에서 영향력을 확보하는 방법

조직에서 일을 시작하면 대부분 처음에는 지렛대 역할을 해주는 요소인 레버리지를 갖고 있지 않다. 특히 경험이 부족한 젊은 직원일수록 더욱 그렇다. 하지만 조직에서 성장하고 자신의 가치를 높이려면 반드시 레버리지를 확보해야 한다. 이것은 곧 당신을 더욱 가치 있는 존재로 만든다.

레버리지는 다양한 형태로 존재한다.

첫 번째는 기술적 전문성이다. 예를 들어, 은행에서 함께 일했던 한 금융학 박사는 복잡한 수학적 모델을 엑셀 스프레드시트로 구현했다. 그가 만든 모델은 외환 시장에서 거래 신호를 분석하는 데 사용되었고, 조직 내에서 그만이 이를 완벽하게 이해하고 있었다. 이는 단순한 기술적 숙련도를 넘어, 조직 내에서 그의 입지를 강화하는 중요한 레버리지로 작용했다.

두 번째는 사람들과의 관계다. 중요한 고객들과 좋은 관계를 유지하는 능력도 강력한 레버리지가 된다. 또한, 오랜 시간 조직에서 일하면서 내부 구조와 업무 흐름을 누구보다 잘 이해하는 것 역시 중요한 자산이다. 이러한 경험과 노하우는 시간이 지날수록 그 가치가 더욱 커진다.

나는 은행과 헤지펀드에서 일하면서 다양한 이유로 해고되는 사람들을 봤다. 거짓말을 하거나, 경비 청구를 부정하게 하거나, 중요한 이메일이나 전화를 제때 처리하지 않거나, 단순히 성격이 까다로워서 해고된 경우도 있었다. 하지만 조직에서 오래 살아남을수록 자연스럽게 '선임'이라는 타이틀을 얻고, 이는 곧 더 많은 레버리지를 가질 수 있다는 의미가 된다. 그리고 레버리지를 갖게 되면 비로소 조직 내에서 자신의 입지를 강화할 수 있다.

시간이 흐르면서 나는 점점 더 많은 '비밀 정보'를 알게 되었다. 예를 들면, 회사 내 각 직원들의 연봉 수준이나 조직의 핵심 전략 같은 것들이다. 이 정보들은 내 연봉 협상을 유리하게 이끄는 데 큰 도움이 되었다. 이러한 정보들이 외부에 유출되지 않는 이유는 조직이 직원들에게 레버리지를 주지 않으려 하기 때문이다.

그러나 조직에서의 근속 기간이 길어질수록 역설적인 위험이 뒤따른다. 경험이 축적될수록 조직 내에서의 입지는 강화되지만, 동시에 상승한 연봉과 인건비 부담으로 인해 비용 절감의 대상이 될 가능성도 커진다. 즉, 경험이 쌓일수록 한편으로는 안전해지지만, 다른 한편으로는 해고될 가능성이 높아지는 것이다.

조직 내 생존과 성공 전략

조직에서 오래 살아남으려면, 단순히 일만 잘해서는 부족하다. 오히려 사람들과의 관계를 잘 관리하고, 조직 내의 다양한 역학을 이해하는 것이 더욱 중요하다. 모든 이메일에 빠르게 답변하고, 회의에 늦지 않으며, 철저히 준비하는 것이 기본이다. 또한, 회의에서는 참여한 사람들이 기대하는 바를 정확히 파악하고, 어떤 질문이 나올지를 먼저 예상해야 한다. 즉, '회의의 기술'이 중요해지는 것이다.

우리는 종종 직장이 대학교와 비슷할 것이라고 기대하지만, 현실은 고등학교와 더 가깝다. 정치적인 요소가 강하고, 조직에서 높은 연봉을 받는 사람들은 대부분 이런 게임에 능숙한 사람들이다. 나보다 훨씬 정치적인 감각이 뛰어난 동료들이 승진하는 모습을 보면서, 조직에서 살아남기 위해서는 단순히 능력만으로는 부족하다는 점을 깨달았다.

한번은 정치적으로 수완이 좋은 동료와 함께 홍콩으로 출장을 갔다. 그는 고객보다는 내부 조직의 정치적 관계를 더 중시하는 사람이었다. 놀라웠던 점은, 그와 그의 파트너가 각자의 다음 내부 회의를 어떻게 전략적으로 준비할 것인지에 대해 끊임없이 논의했다는 것이다.

나는 주로 고객 미팅을 우선시했지만, 그들은 철저히 내부 전략에 집중했다. 그 결과, 그는 승진했고 나는 그 과정을 지켜보면서 조직에서 성공하는 또 다른 방식을 배웠다. 결국 조직에서 살아남고 성공하는 방법은 다양하며, 업무 수행만으로는 충분하지 않다는 점을 다시금 깨닫게 되었다.

이러한 조직 내의 역학을 이해한다고 해서 반드시 성공을 보장하는 것은 아니다. 그러나 적어도 조직 내에서 어떤 과정이 작용하는지를 파악하면, 자신의 경력과 수입을 보다 전략적으로 관리할 수 있는 기반을 마련할 수 있다. 사내 정치는 성가시게만 여길 일이 아니다. 그것은 주관적으로 성과를 평가받는 모든 직업에서 주요한 업무 기능이다.

그리고 무엇보다 중요한 점은, 재정적 안정성을 확보하면 사내 정치에 덜 신경 써도 된다는 것이다. 조직이 당신을 통제하지 못하도록 만드는 가장 확실한 방법은, 결국 경제적 독립을 이루는 것이다. 이번 장과 이전 장들은 지출과 수입에 관한 것이었다. 이제 이 돈을 저축하는 것에 대해 이야기하고 싶다.

07

삶에서 일어날 수 있는
위험에 대비하라

위험은 언제든지 일어날 수 있다.
따라서 충분한 오차 범위를 설정하고,
'위험이 없는' 상태가 무엇인지 명확히 알아야 한다.

비상금의 중요성

열심히 일하다 보면 지출보다 수입이 늘어나게 되고, 이때 자연스럽게 저축을 고려하게 된다. 그러면 가장 먼저 해야 할 일은 무엇일까? 대부분 주식 시장에 투자하는 것이 최우선이라고 생각한다.

하지만 그것은 정답이 아니다. 가장 먼저 해야 할 일은 '비상금'을 마련하는 것이다. 비상 상황은 생각보다 훨씬 자주 발생한다. 그렇기 때문에 가장 먼저 준비해야 할 것은 이런 돌발 상황에 대비하기 위한 완충 장치이다.

미국 연방준비제도의 조사에 따르면, 미국 가구의 약 3분의 1은 400달러의 예상치 못한 지출조차 감당할 현금이 없다고 한다(평균적으로는 당좌예금 계좌에 400달러 이상의 잔고가 있다고 한다).

사실 이 금액은 일반적인 재무 상담사의 조언을 따라, 3개월치 생활비를 긴급 자금으로 확보하는 것이다. 하지만 이는 충분하지 않을 가능성이 크다.

중요한 것은 삶에서 마주할 수 있는 충격적인 사건들을 버텨낼 수 있는 여유 자금을 마련하는 것이다. 그렇다면, 얼마만큼의 '허용 오차'를 설정해야 할까? 이는 개인이 감당해야 할 의무와 목표에 따라 달라진다. 기본적인 생활비를 계산하는 것처럼, 자신의 오차 범위 역시 구체적인 금액으로 산정할 수 있다. 내가 설정한 오차 범위는 다음과 같은 항목을 포함한다.

- 실직 대비: 월 생활비 × 새로운 직장을 찾는 데 걸릴 예상 기간(취업까지 오랜 시간이 걸릴 수도 있다).
- 부채 상환: 학자금 대출, 주택담보 대출, 신용카드 대금 등(이상적인 경우 부채 전액을 준비하는 것이 좋지만, 최소한 18개월간의 원리금 상환이 가능해야 한다).
- 예상되는 큰 지출: 자동차 교체, 지붕 수리, 보일러 및 에어컨 교체 등 예상 가능한 큰 비용.
- 예외적 지출: 의료보험이 있어도 큰 자기부담금이 필요한 예상치 못한 의료비와 같은 경우.

자신의 상황을 고려하여 오차 범위를 설정하라

경제적으로 여유가 있다면, 주변 사람들의 경제적 위기 상황까지 고려할 수 있다. 이 경우, 비상금은 단순한 개인의 안전망을 넘어 가족과 지인을 위한 보호막이 될 수 있다. 만약 비상금 계획에 이러한 항목을 포함한다면, 예상치 못한 요청 (나는 이런 요청을 여러 번 받았다)이 들어왔을 때도 불필요한 부담으로 느껴지지 않을 것이다.

또한, 내 집 마련을 위한 계약금 마련, 법적 분쟁 가능성 대비, 부모님의 건강 문제 지원 등 개인마다 필요한 지출 항목이 다를 수 있음을 고려해야 한다. 따라서 비상금을 몇 개월치 생활비로 딱 잘라 계산하기보다는, 자신의 업계와 개인적 상황을 반영한 맞춤형 계획을 세우는 것이 중요하다.

실직 후 1년이 지나도 새로운 직장을 구하지 못한 사람도 상당수 목격했다. 특히, 기술 산업처럼 경기에 영향을 크게 받는 업종일수록 해고될 때 업계 전체가 불황일 가능성이 높다. 즉, 실직하는 시점에 나와 비슷한 능력과 경험을 가진 사람들이 대거 일자리를 잃을 것이고, 이는 재취업까지 훨씬 더 오랜 시간이 걸릴 것이라는 의미다. 이런 경우라면 더욱 넉넉한 안전망이 필요하다.

반면, 연방정부 공무원이거나 가족의 재정적 지원을 받을 수 있는 상황이라면 비상금 규모를 다소 줄일 수도 있다. 결국, 각자가 처한 환경에 맞춰 현실적인 안전망을 구축하는 것이 핵심이다.

예상치 못한 지출과 위험 관리

예상치 못한 지출은 대비하기 어려울 뿐만 아니라 때로는 감당하기 어려울 정도로 크다. 내 지인의 남편은 뇌암에 걸렸다. 그녀는 건강보험이 있었지만, 하루 종일 그를 지켜봐 줄 간병인을 고용해야 하는 상황까지 겹치게 되었다. 평생 성실히 일했지만, 결국 심각한 재정 위기에 빠졌다.

이처럼 인생에서 발생할 수 있는 '오차의 범위'를 계산하는 것은 금융업에서 말하는 '무위험 포지션risk-free position'을 설정하는 과정과 같다. 이는 올바른 투자 전략의 첫걸음이다. 무위험 포지션은 변동성이 높은 자산(주식이나 장기 채권 등)에 노출되지 않은, 안정적인 자산으로 구성해야 한다. 이를테면 3개월 만기 미국 국채 같은 금융 상품이 대표적이다.

투자 포트폴리오를 공식으로 정리하면 다음과 같다. 위험을 감수하는 포트폴리오를 구축하는 방법은 이후 장에서 설명할 것이다.

총 수익 = 무위험 포지션 + 위험 감수 포트폴리오

이 개념은 단순한 이론이 아니다. 마치 계층을 바꾸거나 소비를 줄이는 것이 학문적 실험이 아닌 것처럼, 오차 범위 설정 역시 실제 삶에서 중요한 원칙이다.

세르게이의 선택

2019년, 아내 마리나는 내게 그녀의 어린 시절 친구인 세르게이를 만나보라고 했다. 아내에게 어린 시절 친구는 가족만큼, 어쩌면 가족보다 더 중요한 존재였다. 그녀의 가족은 제대로 기능하지 못했고, 작은 도움조차 제공하지 않았다. 세르게이 역시 비슷한 환경에서 자랐다.

세르게이의 아버지는 소방관이자 도둑이었다. 화재 현장에 출동하면 불을 끄는 동시에 남아 있는 물건을 훔쳤다. 어머니는 거의 없는 존재와 같았고, 형과도 멀어졌다. 형은 일찍 세상을 떠났다.

머리가 좋고 추진력도 있었지만 세르게이는 금융 지식이 부족했다. 소련 붕괴 당시 그는 20대 후반이었고, 외국인 투자자들과 접촉하며 사업 기회를 모색했다. 그들은 러시아에서 돈을 벌고 싶어 했고, 외국어에 능숙한 세르게이는 자연스럽게 그들과 협력하게 되었다.

시간이 흐르며 그는 독립해 사업가로 자리 잡았다. 사무실을 마련하고, 직원과 보디가드, 차량, 부동산을 소유한 성공한 기업인이 되었다. 러시아 기준에서 그는 상당한 수완가였다.

그의 사업 모델은 단순했다. 유럽에서 고급 제품을 수입한 뒤, 러시아 세관을 통과할 때 필요한 뇌물을 지급하고 현지에서 높은 가격에 판매하는 방식이었다. 예를 들어 시베리아에 병원을 새로 짓는다면, 의료기기나 침대, 창문 같은 필수 물품이 필요하다. 세르게이는 이러한 물품을 유럽에서 들여와 러시아 시장에 공급하며 돈을 벌었다. 러시아에서 뇌물은 불법 행위로 치부되지 않고 전략적 판단이 필요한 일로 여겨진다. 물론, 내가 바라는 삶의 방식은 아니었지만, 세르게이에게는 그것이 돈을 버는 수단이었다.

그러나 시간이 지나면서 그는 사업에 피로감을 느끼기 시작했다. 러시아에서 기업 운영은 위험을 동반한 일이다. 그는 여러 차례 법적 분쟁에 휘말렸고, 소송 비용으로 상당한 금액을 잃었다. 보디가드 중 일부가 마피아에게 살해당했고, 심지어 세르게이 자신도 직접 폭행을 당하며 경고를 받았다.

결국 그는 보다 단순한 삶을 선택하기로 했다. 모스크바 중심가에 대형 상업용 건물을 매입했고, 노후를 위한 안전 자산으로 삼으려 했다. 그의 전략은 기업 고객을 대상으로 임대 사업을 운영하는 것이었다. 개인보다 기업이 임대료를 안정적으로 납부할 가능성이 높았고, 특히 톨스토이와 러시아의 낭만에 매료된 아시아 관광객들을 상대하는 업체들이 주요 고객이었다.

그러나 더 큰 수익을 얻기 위해 그는 레버리지를 활용했다. 대출을 받아 더 큰 건물을 매입한 것이다. 문제는 그가 대출을 받은 러시아 은행과 문제가 발생했다는 점이었다.

결국 그는 단기 자금 조달이 필요했다.

"몇 달 안에 갚을게. 길어도 석 달이면 돼."

세르게이가 전화로 말했다. 아내가 나에게 그와 이야기해보라고 한 이유가 여기에 있었다.

그가 필요로 한 금액은 12만 5천 달러였다. 나는 이전에도 사람들에게 돈을 빌려준 적이 있었지만, 이렇게 큰 금액은 처음이었다.

"러시아는 달라." 아내가 말했다. "우린 다르게 행동해."

그녀의 말은 친구가 돈이 필요하다고 하면, 줄 수 있는 한 끝까지 도와준다는 뜻이었다. 결국 나는 세르게이에게 돈을 빌려주었다. 큰돈을 내놓는 것은 결코 쉬운 결정이 아니었다.

나는 그의 재정 상태를 깊이 따져 묻지 않았다. 그는 오랫동안 합리적인 사업 결정을 해왔고, 한 달이면 돈을 갚을 수 있다고 자신했다. 그러나 지금 이 글을 쓰는 시점까지 그는 여전히 돈을 갚지 못하고 있다. 갚지 않으려는 것이 아니라, 상황이 더 악화되었기 때문이다. 이는 '무위험 포지션'이 충분하지 않을 때 발생하는 전형적인 사례였다.

예측할 수 없는 위기, 그러나 대비할 수 있었던 위기

먼저, 코로나 팬데믹이 터졌다. 러시아는 혼란스럽고 일관성 없는 봉쇄 조치를 시행했지만, 아시아 국가들은 훨씬 강력하고 철저한 봉쇄를 단행했다. 그 결과, 관광객 수가 급감한 것이 아니라 아예 '0'이 되어버렸다. 그의 건물에서 나오는 임대 수익도 순식간에 바닥을 쳤다.

문제는 수익은 변할 수 있어도, 빚은 변하지 않는다는 점이었다. 그는 직원들을 거느린 성공한 사업가에서 한순간에 심각한 재정적 위기에 빠진 사람이 되었다. 빚은 있는데 현금이 말라버린 것이다. 그는 포르쉐를 팔았고, 미술품을 경매에 내놓았으며, 다시 우리에게 전화를 걸었다. 이번에는 내가 거절했다.

세르게이는 안전 마진을 충분히 확보하지 못했다. 빚을 감당할 수 있는 여유 자금이 부족했고, 예상치 못한 위기에 대비할 상상력도 부족했다.

사람들이 오차 범위를 정확하게 계산하기 어려운 것은 당연하다. 비상금은 '죽은 돈'처럼 보일 수 있으며, 의미 있는 수익을 내지 못하고 썩어가고 있다고 여겨질 수도 있다. 투자를 한계까지 밀어붙이고 싶은 욕망이 우리를 끊임없이 유혹한다. 그리고 만약 탄탄한 무위험 포지션을 구축했지만 다행히 비상사태를 맞닥뜨리지 않으면, 마치 쓸데없이 걱정만 많았던 것처럼 보일 수 있다. 그럼에도 우리는 비상금을 유지해야 한다.

거기에 더해 세르게이는 두 번째 재앙을 맞이했다. 러시아와 중국이 코로나 팬데믹에서 회복할 무렵, 푸틴이 우크라이나를 침공한 것이다. 러시아는 국제적으로 고립되었고, 루블화 가치는 폭락했다. 외화 구입이 어려워지면서, 루블화 기준으로 그가 나에게 빚진 금액이 크게 증가했다.

설상가상으로, 러시아에 대한 제재로 인해 그가 내게 돈을 갚는 것 자체가 불법이 될 가능성도 있었다. 그가 돈을 갚을 능력이 생긴다 해도, 러시아에서 돈을 해외로 송금하는 것이 법적으로 허용되지 않을 수도 있기 때문이다.

돈을 돌려받지 못하는 것은 고통스럽다. 그 돈은 내 노력으로 번 돈이었고, 세금을 낸 후 손에 쥔 금액이었다. 즉, 세금까지 포함한다면 실제로 내 손실은 더 컸을 것이다.

이 경험은 나에게 어려운 질문을 던졌다. 재정적으로 성공한 사람이 주변 사람들을 어디까지 도와야 할까? 어떤 기준으로 도울지를 어떻게 결정해야 할까? 나는 내 '무위험 포지션'을 계산하는 방식에 대해 다시 고민해야 했다.

세르게이가 코로나 팬데믹과 러시아-우크라이나 전쟁을 예측할 수 있었을까? 물론 아니다. 하지만 그는 '언제든 예상치 못한 일이 일어날 수 있다'라는 점을 고려했어야 했다. 할아버지는 늘 그런 마인드셋을 가지고 있었다. 나 역시 같은 원칙을 따르지만, 할아버지만큼 철저하지는 않다.

러시아처럼 불안정한 나라에서 살고 있다면, 비상 자금을 루블화가 아니라 달러와 유로로, 그리고 가능하면 해외에 분산 보관하는 것이 현명하다. 나는 미국에 살고 있지만, 나조차도 항상 일정량의 외화를 보유하고 있다.

세상은 냉정하다. 스스로 대비하라.

살다 보면 말도 잘하고, 자신감도 넘치는 사람들을 종종 만나게 된다. 나는 이제 그런 사람들을 함부로 믿지 않는다. 그들이 하는 말을 천천히 되짚어 보고, 논리를 꼼꼼히 검토한다. 세르게이에게 돈을 빌려주기 전에, 나는 그의 계획을 더 깊이 파고들었어야 했다. 인생에서 힘든 일이 벌어질 가능성은 항상 존재하므로, 계획에도 이를 반영해야 한다.

결코 듣기 편한 이야기는 아니지만 현실은 그렇다. 세상은 당신에게 친절하지 않을 수 있다. 누군가 나를 도와줄 것이라 기대하지 말고, 스스로 대비해야 한다. 세상이 냉정하고 무심하다고 가정하라. 물론 반대의 경우도 종종 일어나며, 일반적으로 내가 세상을 친절과 존중으로 대하면, 나도 같은 대우를 받는다. 하지만 그러한 상황이 당연하다고 생각하면 안 된다. 아무것도 받지 못할 것이라고 가정하고, 극도의 압박 속에서도 버틸 수 있도록 정신적으로, 그리고 재정적으로 준비해야 한다. 그 준비가 완료되면, 마치 링 위의 복서처럼 진정한 자신감을 가질 수 있다.

비상 자금, 얼마나 필요하고 어디에 보관해야 할까?

비상금의 적정 규모는 사람마다 다르다. 중요한 것은 금액의 크기뿐만 아니라, 어디에 보관할 것인가이다. 가장 안전한 방법 중 하나는 국채(특히 3개월짜리 단기 국채)에 투자하는 것이다. 일부 사람들은 국채보다 수익률이 조금 더 높은 머니마켓펀드money market fund, MMF에 유혹을 느낄 수도 있다. 하지만 나는 이런 펀드를 피한다. 비상금의 목적은 '절대적 안전성'이지, 수익률이 아니다.

또 하나 고려할 만한 투자처는 정부에서 발행하는 물가연동채권inflation-linked bond, ILB이다. 물가연동채권은 일정한 실질 이자율real interest rate에 더해, 인플레이션율만큼 추가로 이자를 지급하는 구조이다. 물가 상승에 따라 투자 원금과 이자가 자동으로 보전된다.

만약 은퇴 후 생활비로 사용할 자금을 마련하는 경우라면, 기획하는 기간에 맞춰 물가연동채권을 매입하는 것이 좋은 전략이 될 수 있다. 예를 들어, 60세에 은퇴해서 80세까지 살 것이라고 예상한다면, 물가연동채권을 매입해 매년 생활비를 충당할 수 있다. 연금저축펀드나 연금보험을 함께 운용하는 것도 고려할 수 있다.*

하지만 세금 문제를 감안하더라도, 인플레이션으로부터 보호받을 수 있는 확실한 수단을 보유하는 것은 큰 가치가 있다. 은행의 정기예금이나 적금도 비교적 안전한 비상금 관리 수단으로 활용할 수 있다. 특히, 세금 우대 상품을 활용하면 세후 수익률을 높일 수 있다.

내가 말하는 '무위험 포지션'이란, 생활에 필요한 현금을 안정적으로 확보할 수 있는 금융자산을 의미한다. 이러한 기반을 확보한 후 위험성은 있지만 더 높은 수익을 기대할 수 있는 추가 자신을 만들 수 있다.

나는 인플레이션과 연동되는 채권(물가연동국고채)에 투자하고 있다. 이 채권은 일정 기간 후 실제 구매력이 보장된 금액을 지급하는 계약이므로, 미래에 받을 수 있는 돈의 가치를 비교적 정확하게 예측할 수 있다. 물론 이자를 재투자해야 하고, 세금도 고려해야 한다. 물가연동국채의 물가상승에 따른 원금 상승분에 대해서는 비과세가 적용된다.**

완벽한 해답은 없다

물론 채권 투자만으로 모든 문제를 해결할 수는 없다. 이자 소득에 대한 세금 부담이 있으며, 주식 투자와 비교하면 장기적으로 수익률이 낮을 수도 있다. 그러나 중요한 점은, 인플레이션이 고려된 어느 정도의 지급액이 보장된다는 것이다.

결국, 돈을 다루는 데 있어 완벽한 정답은 없다. 각자의 재무 상황과 목표에 따라 위험과 안정성의 균형을 맞추는 것이 중요하다.

재정적 충격을 위한 준비

위기는 여러 형태로 찾아온다. 어떤 위기는 수입을 감소시키고, 어떤 위기는 지출을 급격히 늘린다. 가장 두려운 위기는 이 두 가지가 동시에 발생하는 경우다.

수입 감소의 대표적인 예로는 실직이나 투자 실패로 인한 자산의 급감이다. 반면, 지출이 급증하는 상황에는 이혼이나 건강 문제, 인플레이션, 정부의 자산 압류(예: 제재 조치) 등이 포함된다.

이것은 단순한 가정이 아니다. 실제로 많은 사람이 이런 상황을 겪는다. 교통사고로 가족 중 돈을 버는 유일한 사람이 죽는다던가, 부모가 암으로 세상을 떠난다던가, 약물에 중독된다던가, 직장에서 해고를 당한다던가, 믿었던 동료로부터 사기를 당한다던가 등 다양한 형태의 재정적 충격이 존재한다.

그렇다고 해서 인생이 온갖 재난으로 가득 차 있다는 의미는 아니다. 인생에는 경이로운 순간과 아름다운 경험도 많다. 누구나 크고 작은 어려움을 마주한다. 만약 큰 위기 없이 평생을 살아간다면 그것은 정말 큰 행운이다. 다만, 확률적으로 보면 그런 행운을 기대하는 것은 현실적이지 않다.

위기는 갑작스럽게 찾아올 수도 있고, 서서히 진행될 수도 있다. 교통사고처럼 순식간에 일어나는 위기도 있고, 인플레이션처럼 점진적으로 자산의 가치를 잠식하는 위기도 있다. 더 심각한 경우, 사회 시스템 자체가 무너지는 경우도 있다. 이러한 가능성은 비현실적인 공포가 아니라, 충분히 현실적인 위험 요소다.

앞서 언급한 베네수엘라뿐만 아니라, 내가 살아온 기간 동안 르완다, 유고슬라비아, 우크라이나, 아이티 등 여러 국가들이 사회적·경제적으로 붕괴되는 모습을 목격했다. 러시아는 한때 개방되었다가 다시 폐쇄적인 방향으로 돌아섰다.

이는 전 세계 어느 나라에서도 일어날 수 있다. 국가는 돌발적인 자연재해가 아니라, 인간 사회의 문제로 인해 무너진다. '통치자와 국민 간의 적절한 관계를 어떻게 조율할 것인가'라는 난제는 수천 년 동안 해결되지 않은 과제이다. 민주주의와 시장 경제가 발전해 왔다고는 하지만, 여전히 불완전하다. 결국, 세상에 '절대적으로 안전한 것'은 없다.

위험 회피와 위험 감수 사이에서 균형 잡기

돈을 다루는 일에서 균형을 맞추기란 매우 어렵다. 앞서 얘기한 아내의 어린 시절 친구 세르게이와 정반대의 경우로, '제리'라는 사람을 소개하고자 한다.

제리는 내가 아는 한, 늘 '하늘이 무너질까 봐' 걱정하는 사람이었다. 바보여서가 아니다. 단지 항상 두려워할 뿐이었다.

"나는 자산의 3분의 1을 금으로, 3분의 1을 현금으로 가지고 있고, 부동산도 꽤 보유하고 있어."

제리는 이렇게 말하며 자신이 완벽한 포트폴리오를 구축했다고 확신했다.

"왜 그렇게 했어?" 내가 묻자, 제리는 자신의 논리를 펼쳤다.

미국의 부채가 너무 많았고, 중앙은행은 돈을 마구 찍어내고 있었다. 기술의 발전이 부자와 가난한 자 사이의 경제적, 사회적 힘의 균형을 변화시키고 있었다. 인플레이션은 상승세였고, 그로 인해 금리가 오르면 주식 시장이 무너질 수도 있었다.

제리가 언급한 것들은 모두 현실이 되었다. 하지만 그럼에도 불구하고 미국을 비롯한 세계 경제는 계속 앞으로 나아갔고, 금융 시장 역시 전반적으로 가치가 상승했다. 물론 그 과정에서 몇 차례 심각한 하락장이 있었고, 시장이 불안정했던 적도 있었다. 하지만 같은 기간 내가 나스닥에 투자했을 때의 수익률은 4,000%였고, 금에 투자했을 때는 350%였다.

지나친 안전 추구가 초래하는 손실

다시 말해, 제리가 선택한 '무위험 포지션'은 사실상 그의 돈을 모두 투자한 것이나 다름없었다. 이것은 너무 지나친 안전 추구다. 나로서는 이 모습이 할아버지를 떠올리게 했다. 할아버지 역시 극도로 신중한 투자자였다.

결과적으로, 제리와 할아버지는 엄청난 부의 기회를 놓쳤다. 그들이 좀 더 과감한 투자를 했다면, 더 많은 돈을 벌어 색다른 경험을 하거나, 다른 사람을 도울 수도 있었을 것이다. 할아버지가 사는 동안 주식 투자를 했더라면, 그의 자산은 15배 증가했을 것이다.

위험을 회피하면 그만큼 많은 기회를 놓치게 된다. 그러나 그렇다고 해서 무조건 위험을 감수해야 한다는 뜻은 아니다. 나 역시 여러 투자와 사업에서 손실을 경험한 바 있다. 세르게이에게 돈을 빌려준 일도 하나의 실패 사례에 해당한다. 위험을 감수한다는 것은 때로는 큰 손실을 감내해야 한다는 것을 의미한다. 그럼에도 불구하고 진정한 배움은 경험을 통해 얻을 때 가장 확실하게 각인된다. 그리고 더 많이 배울수록, 성공 가능성이 실패 가능성보다 높아진다.

여행은 위험을 감수하는 좋은 사례이자, 커리어나 투자에서의 리스크 감수와도 맞닿아 있다. 집을 떠나는 것은 위험하다. 낯선 환경에 적응해야 하고, 때로는 언어도 통하지 않는다. 비용도 만만치 않다. 꼭 필요한 일도 아니다.

하지만 어릴 때부터 〈워싱턴 포스트〉의 기사에서 이스탄불, 제네바, 모스크바, 베이징 같은 도시명을 보면, 그곳을 직접 가 보고 싶다는 열망이 생겼다. 단순히 방문하는 것만이 아니라, 그곳의 언어를 조금이라도 익히고, 현지 카페에서 시간을 보내거나, 누군가의 집에 초대받거나, 거리에서 현지인들의 시선으로 세상을 바라보고 싶었다. 그들의 입장에서 세상을 경험하고 싶었다.

만약 내가 '무위험 포지션'만을 고수했다면, 이런 여행은 절대 불가능했을 것이다. 그래서 결국 나는 떠났다. 1990년, 처음으로 붉은 광장의 울퉁불퉁한 회색 돌길을 걸었다. 은행원이 되고 얼마 지나지 않아, 품위 있는 상사였던 짐이 나를 싱가포르로 출장을 보냈다. 보스턴에서 출발해 시카고, 도쿄, 싱가포르, 프랑크푸르트, 다시 보스턴으로 이어지는 긴 비행이었다. 한밤중에 싱가포르에 도착해 호텔로 향하는 길, 바람에 흔들리는 야자수를 멍하니 바라보며 이렇게 생각했던 순간이 아직도 기억난다.

'여기가 싱가포르구나.'

후회 없는 선택을 위해

나는 러시아에서 3년을 보냈지만, 돈을 거의 벌지 못했다. 외로움에 시달렸고, 러시아어를 익히는 것도 힘들었다. 인도에서는 바이러스가 척수액까지 침투하는 바람에 일주일 동안 병원 신세를 졌다. 칠레에서는 래프팅을 하다가 보트가 뒤집혀, 아내가 거의 익사할 뻔하기도 했다.

나는 여행을 하면서 많은 돈을 썼고, 때론 큰 위험도 경험했다. 하지만 하나 확실한 것은 '무위험 포지션'이 삶을 지배해서는 안 되며 위험을 무조건 무시해서도 안 된다는 점이다.

내 나이가 되면, 한 가지 사실을 깨닫게 된다. 평생 규칙을 지키며 성실히 저축하고, 은퇴 후의 삶을 기대했던 사람들이 막상 은퇴를 하자마자 병에 걸려 고생하거나 심지어 세상을 떠나는 경우를 보게 된다. 물론 소수지만, 현실에서 충분히 일어나고 있는 일이다.

그때 가서야, 당신은 이렇게 자문하게 될 것이다.

'내가 너무 위험을 회피한 건가? 아니면, 오히려 더 신중했어야 했나?'

완벽한 답은 없다. 하지만 예산을 세우고, 자신이 감당할 수 있는 '무위험 포지션'을 명확히 설정하면, 훨씬 더 나은 답을 찾을 수 있다.

나는 이를 숫자로 계산해 보는 것이 논리와 감정을 분리하는 데 도움이 된다고 생각한다. 돈 문제는 항상 감정이 개입되기 마련이다. 특히, 부채가 생기는 경우에는 더욱 그렇다. 그리고 부채는 세르게이의 이야기에서도 중요한 요소로 작용했다.

다음 장에서는 '부채'에 대한 이야기가 이어진다.

부채

부채는 도구다.
제대로 활용하라.

내 집 마련을 위한 고민

일자리가 생기고, 어느 정도 저축을 하며 비상금까지 마련하게 되면 자연스럽게 부채에 대해 고민하게 된다. 나 역시 그랬다. 하지만 여기서 말하는 부채는 신용카드 빚과 같은 것이 아니다. 신용카드로 인한 빚은 정말 위험하며, 딱 하나의 원칙만 지키길 바란다. 절대 카드 빚을 지지 말 것. 나도 신용카드를 사용하지만, 그것은 단지 편리함을 위한 도구일 뿐이며 매달 전액을 상환한다. 신용카드 회사들은 경제적으로 취약한 사람들을 노린다. 그 대상이 되지 마라.

하지만 주택 구입을 위한 대출은 전혀 다른 이야기다.

아내와 나는 보스턴 브루클라인의 작은 아파트 거실 소파에 앉아 있었다. 우리가 살던 아파트 단지는 보스턴의 대학과 병원에서 일하는 이민자들이 많이 거주하는 곳이었다. 나는 그곳이 마음에 들었다. 단순하고, 비용 부담이 크지 않으며, 이웃들과 어울리기도 좋았다. 아들은 문밖으로 나가기만 하면 함께 놀 친구들을 쉽게 찾을 수 있었다.

어느 날 아내가 갑자기 물었다.

"우리는 왜 매달 월세를 내고 있을까? 우리가 우리 자신에게 돈을 지불할 수도 있는데."

꽤 충격적인 질문이었다. 그때는 1998년 혹은 1999년, 나는 30대 초반이었다. 1년 전까지만 해도 나는 쥐들과 눈을 맞추며 살았던 사람이었다. 하지만 아내의 말은 단순했지만 논리적이었다.

시간은 흘러간다. 우리 모두는 유한한 삶을 살고 있으며, 강물처럼 흘러가 결국 폭포로 떨어지는 운명이다. 몇 차례 보너스를 받은 덕분에 우리에게는 이제 베이비시터를 고용할 여유가 생겼고, 단골 브라질 식당에서 음료를 하나만 시켜 나눠 마시는 대신 각각 한 잔씩 주문할 수 있게 되었다. 하지만 아내는 더 많은 것을 원했고, 그것은 자연스러운 일이었다. 대부분의 사람이 더 나은 삶을 원한다. 나의 지나치게 신중한 태도를 조금 내려놓을 필요가 있었다.

아내의 논리는 그럴듯했다. '정말로 우리가 스스로에게 돈을 지불할 수는 없을까?' 젊은 시절 브루클린에서 기자로 일하면서 시리아 출신의 구두쇠 건물주를 만난 적이 있었다. 그는 부동산 투자 철학을 이렇게 말했다. "집을 위해 일하지 말고, 집이 자네를 위해 일하게 만들도록 하게."

그가 실제로 성공한 사람인지는 몰랐다. 하지만 확실한 건 우리 둘 중 돈을 내는 것은 나였다. 그리고 집을 산다는 것은 나에게 마치 가드레일 없는 가파른 산길을 운전하는 것처럼 불안한 일이었다.

부채에 대한 본능적 두려움

아내가 처음 내게 집을 사자고 했을 때, 나는 며칠 동안 내가 왜 불안감을 느끼게 되었는지 곰곰이 생각했다. 그리고 마침내 내 감정을 논리적으로 설명할 수 있게 되었다.

나는 본능적으로 부채에 대한 두려움을 가지고 있었다. 빚을 진다는 것은 곧 어떤 의무에 묶인다는 뜻이었다. 나는 이미 결혼했고, 아버지가 되었다. 그것만으로도 충분히 큰 책임이었다. 그런데 부채는 가족과는 다르게, 수입의 변화와 상관없이 남아있는 의무였다.

동시에 아내의 압박도 있었다. 러시아에서는 '진짜 남자(므지크myzhik)는 자기 집을 소유해야 한다'라는 인식이 강했다. 임차인은 '미숙한 남자'라는 말을 들었다. 나는 미숙한 사람이 되고 싶지 않았다.

그렇다고 해서 쉽게 결정할 수 있는 문제도 아니었다. 내 연봉이 빠르게 올랐다는 사실이 기쁘긴 했지만, 예상치 못한 일이었기 때문에 반대로 언제든 다시 줄어들 수 있다는 불안함도 있었다.

돈의 역사로부터 배운 것

그 당시 나는 보스턴의 추운 새벽길을 자전거로 달리며 출근하곤 했는데, 할아버지와 나누었던 대화가 머릿속을 스쳐지나갔다.

"자, 이거 가져가거라."

1970년대 워싱턴 D.C.의 무더운 여름날이었다. 매미 소리가 귀청을 울릴 만큼 시끄러웠던 그때, 나는 6살쯤이었고, 할아버지는 갈색 봉투에 은화를 넣어 내 손에 쥐어 주셨다. 매번 멕시코 시골에서 찾아오실 때마다 내게 이런 봉투를 주셨다. 나는 왜 하필 은화를 주셨을까 궁금했다.

할아버지는 종이돈을 신뢰하지 않으셨던 것 같다. 아니면 우리가 동전을 더 특별하게 여길 거라고 생각하셨을지도 모른다. 그 이유는 아마 대공황과 2차 세계대전을 겪으며 쌓인 경험 때문일 것이다. 1970년대에는 인플레이션이 심해져 종이돈의 가치는 계속 떨어지고 있었다. 당시 가장 유용한 자산은 금이었다. 금을 보유하면 시간이 지날수록 더 많은 달러를 살 수 있었기 때문이다. 하지만 할아버지는 금을 살 여유가 없었다. 그래서 할아버지가 우리에게 은화를 주는 일은 나름대로 우리에게 불확실한 미래에 대비하는 방법을 알려주는 것이라 생각했다. 그 은화들은 지금도 내 곁에 있는 상자 안에 보관되어 있다.

금융 역사를 좀 더 공부하고 나서 나는 종이돈은 절대 영원하지 않다는 사실을 깨달았다. 로마 제국, 합스부르크 왕가, 수많은 중국 왕조를 떠올려 보라. 이들 모두 각자의 화폐를 사용했지만 결국 모두 역사의 뒤안길로 사라졌다.

할아버지는 금융 위기를 겪으며 불안감을 가지고 있었고, 그 감정은 나에게도 미묘한 흔적으로 남았다. 아버지도 마찬가지였다. 아버지 역시 세상의 불안정성을 두려워했고, 할아버지와 아버지 모두 현재 상황이 언제든지 훨씬 더 나빠질 수 있다고 믿고 있었던 것 같다.

아버지는 20대 시절, 일본이 진주만을 폭격하자 군에 입대했다. 그는 "총에 맞아 죽을 가능성을 줄이기 위해" 가능한 한 난해하고 수학적인 훈련 과정에 지원하려고 했다. 그리고 아버지는 정부의 눈에 띄어, 결국 맨해튼 프로젝트에 투입되었다.

수년 후, 나는 오마하 해변에 서서 풀로 무성한 가파른 언덕을 올려다보았다. 총알이 빗발치는 곳으로 돌진해야 했던 병사들의 공포를 상상하며, 아버지의 두려움이 충분히 이해되었다. 만약 아버지가 다른 지원 서류를 작성했더라면, 지금쯤 그 언덕 위의 하얀 십자가 아래 누워 계셨을지도 모른다.

할아버지가 남긴 은화에서 나는 '나쁜 일이 일어날 수 있다'라는 조언을 느낄 수 있었다. 그리고 어머니를 통해 그것이 현실임을 직접 경험했다. 나쁜 일들은 벌어지기 마련이었다.

부채는 자본주의 시스템을 잇는 다리

불안감을 마음 한쪽에 묻어두고, 나는 아내의 말과 함께 내가 아버지로서 어떤 역할을 해야 하는지 고민했다. 그러면서 나는 내 집을 사야겠다고 결심했다. 은행 앞에 자전거를 세우면서 더욱 확신이 들었다. '나는 금융업에서 일하고 있잖아. 내 직업은 안정적이잖아?'

은행 건물은 그 자체로 안정감을 주는 것처럼 보였다. 거대한 화강암으로 지어진 웅장한 건물이었다. 내가 해야 할 일은 단지 출근하는 것이었다. 하지만 몇 년 후, 그 은행이 다른 회사에 인수되면서 직원 수천 명이 해고되는 모습을 보았다. 그때 나는 그 거대한 화강암 건물에서 은행 이름이 지워지는 장면을 지켜보았다.

부채는 자본주의 시스템에서 '세입자'에서 '소유자'로 넘어가는 다리와 같다. 동시에, 부채를 떠안는다는 것은 미래의 수입을 미리 당겨쓰는 것을 의미했다. 집을 소유하기 위해서는 내가 현재 가진 것보다 훨씬 더 많은 돈을 써야 했다. 그것이 바로 부채다. 내일 벌 돈을 오늘 쓰는 것이다.

나는 내 연봉이 계속 평균 이상 유지할 것이라고, 혹은 설령 해고되더라도 빠르게 다른 직장을 구할 수 있을 것이라고 기대했다. 하지만 그것은 큰 도박이었다. 특히, 나는 의사나 변호사처럼 공식적인 면허나 자격증이 없었다. 금융업은 의사나 변호사보다 더 많은 급여를 주었지만, 확실한 자격 요건이 없어도 가능했기에 항상 불안감이 따라다녔다. 나를 둘러싼 모든 것이 무너질 수도 있다는 두려움이 있었고, 반면 부채는 핵전쟁에도 살아남을 바퀴벌레처럼 끝까지 남아 있을 것 같았다.

부채를 이해하는 방법

결국 우리는 부채를 짊어지고, 집을 샀다. 크지는 않았지만 우리 집이었다. 아들의 방은 우리 방에서 몇 걸음 떨어진 곳에 있었고, 세 번째 방은 곧 딸의 방이 될 예정이었다.

집을 사고 나자 생각이 완전히 바뀌었다. 돈과 관련해 나는 늘 이런 경험을 해왔다. 집을 사기 전에는 집을 사는 것이 어떤 것인지 '어느 정도 알고 있다'라고 생각했지만, 막상 집을 소유하고 나니 세상이 다르게 보였다. 세세한 부분들이 훨씬 더 선명하게 다가왔다.

집을 사는 순간, 최대한의 위험을 감수하게 된다. 빚을 많이 지게 되는 것은 당연하지만, 시간이 지나면서야 깨닫게 되는 여러 가지 위험 요소들이 있었다.

우선, 걱정해야 할 또 하나의 변수가 생겼다. 바로 주택시장의 안정성이다. 당시는 1999년 여름이었고, 주식 시장은 치솟고 있었다. 금융 거품이 형성되고 있다고 느꼈지만, 그때는 정확히 거품이 무엇인지, 주식 시장과 주택 시장의 차이가 무엇인지 알지 못했다. 한 시장이 오를 때 다른 시장은 어떤 영향을 받을지도 몰랐다.

집값은 38만 달러였다. 기억하기로는 약 30%를 계약금으로 넣었는데, 이는 우리가 가진 거의 전 재산이었다.

부채 부담이 얼마나 클지는 내 연봉과 집값의 변동성에 달려 있었다. 만약 집값이 20% 하락한다면, 나는 8만 달러를 잃는 것이었다. 30% 하락하면? 내 계약금보다 더 큰 손실을 입게 되어, 순자산이 마이너스로 전환된다.

비율로 사고하기

이때부터 나는 비율을 중심으로 사고하기 시작했다. 부채 대비 자본 비율, 소득 대비 부채 비율 등 다양한 지표로 생각하면 자신의 상태를 파악하는 데 도움이 된다. 다이어트에 비유하자면, 키와 몸무게의 비율을 나타내는 체질량지수^{BMI} 같은 개념이다. 체질량지수만으로 모든 것을 알 수는 없지만, 건강을 평가하는 데 유용한 도구가 될 수 있다. 마찬가지로, 금융에서도 단순한 숫자가 아니라 비율을 이해해야 더 나은 판단을 할 수 있다.

내가 가진 부채는 약 30만 달러였고, 순수하게 내 소유인 집의 가치는 약 8만 달러였다. 즉, 부채 대비 자본 비율$^{Debt\ to\ Equity}$

Ratio은 약 3.75였다. 만약 집값이 10% 상승해 41만 8,000달러가 되면 이 비율은 2.54로 낮아진다. 이는 긍정적인 변화다.

내 연봉은 약 10만 달러였으므로, 부채는 내 소득의 3배 수준이었다. 만약 내가 3만 달러의 부채를 갚으면 이 비율은 약 2.7배로 낮아진다. 역시 좋은 변화다. 하지만 집값이 하락하면 부채 대비 자본 비율이 오르는데, 이는 나쁜 시나리오였다. 중요한 것은 내가 가진 부채가 내 자산과 소득 대비 어느 정도인지 파악하는 것이었다. 이 두 가지 요소가 모두 중요했다.

처음에는 부채가 두려웠지만, 시간이 지나면서 이를 숫자로 변환해 가시적으로 바라볼 수 있게 되었다. 다행히도 집값이 떨어지지 않는 한, 나는 단순히 유동 자산(현금)을 비유동 자산(주택)으로 바꾼 것뿐이었다. 내 집도 엄연한 자산이었고, 이는 심리적으로 안정을 주었다. 무엇보다 대출 상환금이 내 소득의 30%를 넘지 않았다는 점도 중요했다. 덕분에 가끔은 원금을 초과 납부할 여유도 있었다. 나는 대출을 갚아나가는 과정에서 원금이 줄어드는 것을 보는 것이 무척 만족스러웠다.

파리에서의 봄날과 불길한 신호

2000년 4월, 마리나와 함께 파리의 유명한 카페, 레 되 마고 Les Deux Magots에 앉아 있었다. 모든 것이 나쁘지 않았다. 주택담보대출을 잘 갚고 있었고, 파리는 4월답게 화창한 봄날씨였다. 공기는 부드러웠고, 사람들은 커피를 마시고, 담배를 피우며, 대화를 나누고 있었다. 이상하게도, 파리에서는 담배 연기에서마저도 그럴듯한 향이 났다.

나는 유로화가 달러 대비 하락할 것이라고 정확히 예측했고, 덕분에 보너스가 계속 들어오고 있었다. 마리나는 아름다웠다. 초록빛이 감도는 푸른 눈을 지닌 그녀는 여행을 좋아했다. 오래전부터 아내와 함께 파리를 여행하는 것이 꿈이었고, 그녀 역시 언제든 떠나는 것을 즐겼기에 우리는 보스턴을 잠시 벗어나 파리로 왔다.

그러나 여행 마지막 날, 프랑스 신문의 커다란 헤드라인이

172

눈에 들어왔다. 'Tombe떨어지다'라는 단어가 눈에 바로 들어왔고, 나스닥의 급락을 알리는 기사였음을 쉽게 이해할 수 있었다. 불길한 소식이었다.

나는 은행에서 일했지만, 내 업무는 주식 시장이 아니라 외환과 금리에 관한 것이었다. 그래서 주식 시장의 중요성은 알고 있었지만, 정작 어떻게 작동하는지는 잘 몰랐다. 하지만 30대가 되도록 주식 시장에 대해 모른다는 게 가능할까? 나는 그랬다.

주식 시장이 폭락하자, 채권 가격이 상승했고(채권 가격과 수익률은 반비례 관계다), 금리는 하락하기 시작했다. 그제야 나는 우리가 가진 집과 관련된 세 번째 요소를 깨달았다. 바로 주택금융이었다. 집을 소유하는 것은 단순히 집값과 소득만의 문제가 아니었다. 대출 비용, 즉 금리도 중요한 변수였다.

금리는 변동성이 컸다. 주식 시장이 급락하면서 사람들은 가계 자산이 줄어들 것이라 예상했고, 소비가 위축되었다. 실제로 경제 전망이 악화되면서 금리가 내려갔다. 그러나 금리가 낮아지면 돈을 빌리는 비용이 줄어들었고, 이는 주택 가격을 지지하는 역할을 했다.

보스턴으로 돌아오자 은행에서 한 장짜리 공지를 돌렸다. 내용은 간단했다. "주택담보대출 연 4%로 재융자 가능". 기존금리는 7%대였던 것으로 기억한다.

엄청난 기회였다. 이자 부담이 줄어들면 원금을 더 빨리 갚을 수 있었고, 덕분에 부채에서 벗어나는 속도도 빨라질 수 있다. 주식 시장의 붕괴가 주택시장에도 타격을 줄 거라 예상했지만, 오히려 내게는 좋은 기회인 셈이었다. 그야말로 운이 좋았다.

나는 서둘러 서류를 챙겨 은행을 찾았다. 내가 일하는 은행의 대출 담당자를 만나, 천장이 높은 1층에서 상담을 받았다. 내 사무실은 12층에 있었지만, 이날만큼은 고객의 입장에서 앉아 있었다.

"정말 4%인가요?"

"네."

"다들 이걸 신청하나요?"

"네, 계속 상담이 이어지고 있습니다."

나는 해고당하지도 않았고, 낮아진 금리 덕에 점점 자유를 되찾을 수 있었다. 부채 대비 자본 비율도 나에게 유리하게 움직이기 시작했다. 이제 이런 금융 지표들이 단순한 숫자가 아니라, 내 삶에 직접적인 영향을 주는 현실적인 문제로 다가왔다.

'집'과 '셋방'의 차이

대출 상환의 부담이 점점 줄어들면서, 감정적으로도 변화가 생겼다. 소득, 주택 가격, 그리고 금리가 서로 어떻게 연결되어 있는지를 이해하게 되었다. 그리고 우리는 새로운 재정적 현실에 빠르게 적응했다. 오랫동안 월세를 내며 살다가, 이제는 주택담보대출을 갚는 것이 자연스러운 일이 되었다. 우리의 '정상'이 바뀐 것이다.

문득, '집'과 '셋방'은 다르다는 생각이 떠올랐다. '셋방'은 그저 잠을 자는 모텔과 같은 공간이다. 단순히 벽과 지붕이 있어 밤에 안전하게 머무를 수 있는 장소였다. 하지만 '집'은 완전히 다른 의미를 지닌다.

내게 집은 보금자리였다. 나는 집을 소유하는 것이 중요했다. 어린 시절, 아버지가 병으로 쓰러지면서 우리 가족의 집을 팔아 치료비를 마련해야 했던 기억이 떠올랐다. 그리고 몇 년 동안 러시아와 미국을 오가며 일정한 거처 없이 지냈던 시기도 있었다. 그것은 끔찍한 경험이었다.

집값 상승과 투자로부터 배운 교훈

처음 38만 달러에 구입한 집을 은행 합병으로 실직한 후 68 만 달러에 팔았다. 그리고 지금 그 집의 가치는 100만 달러가 넘는다. 이 가격 상승의 일부는 20년이 넘는 인플레이션의 결 과이다. 인플레이션만 고려해도 집값은 약 62만 달러까지 올 랐을 것이다. 나머지 상승 요인은 금리 변화와 인구구조의 변 화였다.

돌이켜보면, 당시 내가 가졌던 두려움은 과장된 것이었다. 할아버지나 아버지에게 일어났던 일들이 나에게는 벌어지지 않았다. 아내의 조언을 따르길 잘했다.

빚을 지는 것이 좋은 선택이었을까? 꼭 그렇지는 않다.

나는 집을 싸게 사서 비싸게 팔아 이익을 봤다. 하지만 시간 이 지나면서 그 방식은 올바른 계산법이 아니라는 걸 깨달았 다. 집을 사지 않고 임대했다면 수만 달러에 이르는 이자와 유지보수 비용을 절약하고 그 돈을 주식에 투자할 수도 있었을 것이다. 1999년부터 2004년까지 주식 60%, 채권 40%로 구성된 포트폴리오는 약 5% 하락했다. 즉, 이 기간 동안에는 집을 사는 것이 자산 포트폴리오에 투자하는 것보다 나은 선택이었다. 다만, 이는 주식 시장이 폭락했기 때문이었다.

지금 되돌아보면, 집을 소유하지 않고 대신 그 돈을 주식에 투자했다면 더 많은 돈을 벌었을 것이다. 현재 그 집의 가치는 100만 달러이지만, 같은 기간 동안 주식 시장에 투자했다면 내 자산은 200만 달러에 달했을 것이다. 집을 소유함으로써 얻는 정서적 만족감은 없었겠지만, 더 많은 자산을 보유함으로써 새로운 기쁨을 누릴 수 있었을 것이다.

이 모든 사실은 내가 집을 사고팔아 본 후에야 분명해졌다. 다행히도 이제는 최소한 집값, 대출 이자, 유지보수 비용, 그리고 다른 투자 기회와의 기회비용을 모두 고려해야 한다는 사실을 알게 되었다.

부동산의 본질과 경제적 의미

얼마 후 나는 투자 목적으로 코네티컷에 또 다른 집을 구입했다. 이번에는 직접 거주하는 것이 아니라 임대사업으로 수익을 얻는 방식이 어떤지 경험해 보고 싶었다.

그러나 결과적으로 이 집은 주식 시장에 투자했을 때보다 훨씬 낮은 수익률을 기록했다. 부동산 가치는 약 40% 상승했지만, 같은 돈을 주식 시장에 투자했다면 200% 이상의 수익을 올렸을 것이다. 게다가 부동산 가격 상승의 상당 부분은 코로나 팬데믹 기간 동안 많은 사람들이 맨해튼을 떠나 교외로 이주하면서 발생한 일시적인 현상이었다.

나는 처음 집을 살 때 투자에 대한 기본 개념도 몰랐다. 포트폴리오가 무엇인지, 예상 수익률을 어떻게 계산해야 하는지도 몰랐다. 결국, 집을 사는 것과 임대하는 것 중 어느 쪽이 더 나은 선택인지 논리적으로 판단할 수 없었다.

집을 소유하는 것은 여러 요소가 얽혀 있는 복잡한 결정이다. 그럼에도 불구하고 집의 가장 큰 매력은 직접 거주할 수 있다는 점이다.

은행 계좌 속의 돈은 내게 지붕을 제공하지 않는다. 내 집에서는 누구도 내게 벽지를 어떤 색으로 하라고 말할 수 없다. 한때 우리 집에 걸어둔 커튼 색깔에까지 불만을 제기했던 집주인이 있었던 것을 생각하면, 내 집을 가질 수 있다는 자유가 얼마나 큰 의미인지 알 수 있다.

그러나 금융적으로 보면 집을 사는 것은 일종의 '채권 거래'와 다름없다. 금리가 오르면 부동산 가격은 하락하고, 금리가 내리면 부동산 가격은 상승한다.

돈을 이해하려면 우선 채권을 이해해야 한다. 하지만 많은 사람들이 채권을 지루한 것으로 여긴다. 그러나 집을 예로 들면 금리, 즉 돈의 가격이 변하면서 부동산 가치가 달라진다는 사실을 쉽게 알 수 있다. 금리를 이해하려면 돈이 어떻게 생성되고, 어떻게 가격이 매겨지는지를 알아야 한다. 이 부분이 바로 다음 장에서 다룰 주제이다.

돈의 원천

돈은 주로 중앙은행에서 나온다.
중앙은행이 돈을 얼마나 풀거나 조이느냐에 따라
우리의 일자리와 저축에 직접적인 영향을 미친다.

돈은 어떻게 만들어졌을까?

주식과 채권 같은 실용적인 투자 이야기를 하기 전에, 먼저 좀 더 근본적이고 어쩌면 다소 지루할 수도 있는 주제를 다루고자 한다. 바로 중앙은행이다. 중앙은행을 이해해야 하는 이유는 그곳이 단순히 흥미로운 기관이기 때문이 아니라, 우리의 소득과 투자에 막대한 영향을 미치기 때문이다. 중앙은행의 결정을 예측하는 것은 전문가들의 영역이지만, 그 결정이 우리에게 미치는 영향을 이해하는 것은 반드시 필요하다.

돈은 전구처럼 인류가 발명한 가장 중요한 혁신 중 하나로, 서로 다른 물건을 교환하는 문제를 해결하기 위한 실용적인 도구다. 물물교환은 본질적으로 비효율적이다. 예를 들어, 감자와 빵을 교환하려면 매번 몇 개의 감자가 적절한지 계산해야 한다. 돈은 이러한 교환 과정에서 기준을 제공함으로써 거래를 훨씬 더 효율적으로 만든다.

현대 경제에서 돈을 창출하는 주체는 중앙은행이다. 중앙은행은 돈을 만드는 독점적인 권한을 가지고 있다. 여기서 핵심 질문은, '얼마나 많은 돈을 만들어야 하는가?'이다. 실업률이 오를지 내릴지, 내 저축의 가치가 상승할지 하락할지는 중앙은행이 풀거나 조이는 돈의 규모에 달려 있다.

일부 경제학자들은 『오즈의 마법사』가 추상적인 돈의 개념을 보다 생생하게 설명하려는 시도였다고 본다. '오즈^{Oz}'라는 단어는 온스^{ounce}의 줄임말이며, 노란 벽돌길은 금본위제, 은색 구두는 금·은 본위제$^{bi-metallism}$를 의미한다. 당시 연방준비제도가 설립되기 전이었으므로, 이는 돈 공급을 늘리는 개념과 연결된다.

중앙은행이 어떻게 돈을 창출하는지, 그리고 이를 적절히 조절하는 것이 얼마나 어려운지 알아야 한다. 또한, 두 번째 돈의 원천인 '신용'도 함께 이해해야 한다. 신용은 중앙은행이 발행하는 돈과 밀접하게 연결된다. 이 두 가지 개념만 제대로 이해해도 경제 전반을 훨씬 잘 파악할 수 있다.

통화 정책의 기본 원리

미국 콜로라도주에 있는 리오그란데강의 근원은 어찌 보면 그저 습지처럼 보인다. 하지만 이 작은 물줄기가 흘러가면서 수백 킬로미터에 걸쳐 수많은 사람과 생태계를 지탱한다.

이와 마찬가지로, 돈이 어떻게 흐르는지 알고 싶다면 중앙은행을 주목해야 한다. 중앙은행이 돈의 공급을 줄이면, 이는 의도적인 '가뭄'이 된다. 금융 시장에서는 이를 '긴축' 정책이라고 부르며, 이는 곧 금리 상승을 의미한다. 금리가 오르면 대출 비용이 증가하고 소비가 줄어들며 실업률이 상승하는 경향이 있다.

이전 장에서 살펴본 집값 변동도 결국 중앙은행이 돈의 공급을 늘렸기 때문이다. 통화 정책이 '완화'되면서 금리가 낮아지고, 이는 대출 증가와 집값 상승으로 이어졌다.

이 개념이 다소 복잡해 보일 수도 있다. 하지만 간단히 정리하면 다음과 같다.

돈을 덜 찍어낸다 → 긴축 정책 → 금리 상승

돈을 더 찍어낸다 → 완화 정책 → 금리 하락

금리가 낮다 → 대출 증가

금리가 높다 → 대출 감소

중앙은행이 돈을 얼마나 풀거나 조일지를 결정하는 방식은 신비로운 과정처럼 보인다. 심지어 정책을 실행하는 사람들에게도 그렇다.

하나의 흥미로운 일화로, 전 미국 연방준비제도 의장 폴 볼커Paul Volcker가 한번은 "연준이 금리를 조정한다고 발표하면 실제 금리가 어떻게 변하느냐"라는 질문을 받았다. 그는 이렇게 답했다고 한다. "그건 우리도 모른다. 우리는 정책 변화를 발표하고, 시장이 즉시 반응할 뿐이다."

이 일화는 중앙은행의 정책이 단순한 숫자 조정이 아니라 시장의 심리와 기대에 큰 영향을 미친다는 점을 시사한다. 따라서 돈의 흐름을 이해하는 것은 결국 중앙은행의 정책과 금리에 대한 기본 개념을 이해하는 것에서 출발한다.

돈을 찍어낸다는 것의 의미

　연방준비제도는 원하는 결과를 만들기 위해 언제든 원하는 만큼의 증권을 사고팔 수 있다. 그리고 시장은 그에 즉각적으로 반응한다. 2009년, 정책 금리가 0%까지 떨어졌지만 경제가 여전히 침체 상태였을 때, 연준은 돈을 찍어내어 시장에 강제로 공급하기 시작했다. 어떻게 이런 일이 가능했을까?

　돈을 찍어내는 과정에는 세 가지 주요 기관이 관여한다. 미국 재무부, 상업 은행, 그리고 미국의 중앙은행인 연방준비제도이다. 이는 다른 나라에서도 같은 방식으로 작동하지만, 기관의 명칭이 다를 뿐이다. '미국 재무부US Treasury'는 '금고Treasury'라는 단어를 쓰는 반면, 많은 나라에서는 '재무Finance'를 그대로 차용해 '재무부Ministry of Finance'라고 부른다.

　돈을 찍어내는 과정은 다음과 같이 진행된다.

1. 정부의 채권 발행

정부는 세금 수입과 지출 간의 차이를 메우기 위해 채권을 발행한다. 예를 들어, 국방비로 100달러를 사용해야 하지만 세금으로 80달러만 거둬들였을 경우, 부족한 20달러를 충당하기 위해 채권을 발행한다.

2. 상업 은행이 채권을 구매

시중 은행은 정부가 발행한 채권을 경매에서 매입한다. 이는 결국 은행이 정부에 돈을 빌려주는 것과 같다. 은행이 보유한 돈은 고객들이 예금한 자금이며, 이는 현금을 집에 두는 것보다 안전하고 이자를 받을 수 있기 때문에 맡긴 것이다.

3. 연준이 돈을 찍어내 채권을 매입

연방준비제도는 단순히 전산 시스템에서 숫자를 입력하는 방식으로 새로운 돈을 창출한 뒤, 상업 은행이 보유한 국채를 사들인다. 즉, 채권 대신 '현금'을 은행에 제공하는 것이다. 여기서 말하는 현금은 실제 지폐가 아니라 전자적인 형태로 거래된다.

4. 상업 은행이 현금을 활용하여 대출 증가

상업 은행은 연준으로부터 받은 현금을 활용해 대출을 늘린다. 왜냐하면 대출을 해주면 단순히 현금을 보유하는 것보다 더 높은 수익을 얻을 수 있기 때문이다. 이 과정에서 재무부와 연준은 모두 정부 기관이지만 서로 독립적인 역할을 수행한다. 재무부는 채권을 발행하고, 연준은 돈을 찍어내는 역할을 한다.

금리는 조정 가능한 변수인가?

주택 구입이 어려워질 정도로 금리가 급등하는 것은 자연적인 현상이 아니다. 이는 특정 기관에서 특정한 사람들이 금리를 조정해 돈의 가치를 변화시키는 것이다.

어릴 때는 몰랐지만 이와 관련한 경험을 한 적이 있다. 내 삼촌은 워싱턴 D.C.에 있는 연방준비제도 이사회에서 근무했다. 어린 시절 삼촌의 사무실을 방문한 적이 있는데, 그곳에서 삼촌은 보안이 강화된 전화기를 통해 워싱턴에서 결정된 정책을 뉴욕으로 전달한다고 설명해 주었다. 보안을 위해 통화 내용이 암호화되어야 한다는 점이 인상적이었다.

성인이 되어서는 정책 결정에 중요한 역할을 했던 폴 볼커나 빔 두이젠버그Wim Duisenberg 같은 유명한 중앙은행장들과 대화를 나눌 기회가 있었다. 그들은 마치 마법사처럼 보이기도 했지만, 실상은 우리와 마찬가지로 복잡한 세상을 헤쳐 나가려 애쓰는 평범한 사람들이었다. 사실, 볼커와의 대화 중 러시아 중앙은행 총재가 암살된 사건에 대한 이야기가 내 두 번째 책 『마스터, 미니언Master, Minion』을 쓰게 된 계기가 되었다.

중앙은행가들이 다루는 세계를 이해하려면, 단순히 인터넷이나 신문에서 보는 이자율보다 더 깊이 있는 개념을 알아야 한다. 돈의 진정한 비용은 단순한 명목 금리nominal rate가 아니라, 물가 상승률을 반영한 실질 금리real interest rate이다. 실질 금리는 중앙은행 금리에서 인플레이션율을 뺀 것으로 계산된다. 이 메커니즘은 마치 댐의 수문과 같아서, 실질 금리가 높을수록 더 많은 돈이 경제에서 빠져나가 저축으로 들어가고, 그 반대도 마찬가지다.

예를 들어, 명목 금리가 5%라면 겉보기에는 높아 보일 수 있다. 하지만 인플레이션율이 6%라면, 실질 금리는 0%보다 낮아진다. 즉, 돈을 빌려도 이자보다 물가 상승 속도가 더 빠르기 때문에, 실질적으로는 돈을 빌리는 것이 더 유리한 상황이 된다.

이 개념은 경제 성장률인 GDP와도 연결된다. 경제 성장률 역시 단순한 수치가 아니라, 인플레이션을 감안한 실질 성장률로 보고된다. 그렇기 때문에 단순히 숫자만 보는 것이 아니라, 그 이면의 경제적 의미를 이해하는 것이 중요하다.

1929년 경제 대공황과 금본위제

돈의 흐름이 느려지고 실질 금리가 상승하면, 실직할 위험이 커지고 주식과 부동산 가격도 하락한다. 이는 단순한 학문적 개념이 아니라 실제 사람들의 삶과 맞닿아 있는 문제이다.

대학을 졸업한 후, 나는 일자리를 구하는 데 어려움을 겪었다. 당시 미국 경제는 연준의 긴축 정책 이후 침체기에 접어들어, 고용 시장은 분위기가 좋지 않았다. 1991년 봄, 마지막 시험을 마치고 푸른 캠퍼스를 걸어 나올 때만 해도 해방감과 새로운 가능성에 대한 기대가 컸다. 그러나 대학 밖 현실은 예상과 달랐다. 경제는 침체되어 있었고, 채용 기회도 거의 없었다. 결국 미국에서 일자리를 찾는 데 실패한 나는 해외로 눈을 돌렸고, 러시아에서 새로운 기회를 찾았다.

이처럼 중앙은행이 정책을 바꾸면, 개인의 취업 기회에도 영향을 미칠 수 있다. 당신이 구직을 위해 수십 곳에 지원했지만 번번이 거절당했다면, 그 원인 중 하나가 중앙은행의 정책일 수도 있다.

1929년 대공황 당시, 나의 할아버지와 아버지가 경험한 경제 붕괴는 극단적인 긴축 정책에 의해 촉발되었다. 당시 중앙은행은 치명적인 실수를 저질렀다. 실질 금리가 급격히 상승하며 경제가 마비되었고, 실업률은 25%까지 치솟았다. 당시 미국은 '금본위제'를 채택하고 있었는데, 이는 중앙은행이 보유한 금의 양만큼만 돈을 발행하도록 제한하는 시스템이었다. 되돌아보면 다소 비효율적인 방식이지만, 사회적 시스템 중 다수가 깊이 들여다보면 비합리적으로 보일 수 있다.

현재의 중앙은행은 경제 전망을 기반으로 정책을 결정한다. 더 이상 금본위제에 얽매이지 않고, 경제 상황에 따라 유동성을 조절할 수 있다. 이 유연성 덕분에 오늘날 우리의 삶은 과거보다 훨씬 나아졌다.

정책 금리의 결정 방식

중앙은행이 결정하는 정책 금리는 자본 비용(실질 금리)이 경제 성장 속도와 물가 상승률을 반영하도록 설정된다. 예를 들어, 인플레이션이 2% 수준이라면 정책 금리는 약 3~3.5%가 된다. 만약 인플레이션이 4%라면 정책 금리는 5% 수준이 될 것이다. 반대로 인플레이션이 마이너스로 돌아서면 정책 금리는 거의 0에 가까워진다.

이를 공식으로 정리하면 다음과 같다.

중앙은행 정책 금리 = 예상 인플레이션(+/-) 1~2%

이러한 원리를 이해하는 것이야말로 스스로 사고하는 힘을 기르는 것이다. 단순히 중앙은행의 행동을 읽어내는 것이 아니라, 중앙은행의 목표를 생각해 보는 것이 중요하다. 물론 이러한 목표 금리 가이드라인은 장기적 관점에서만 유효하며, 단기적으로는 이론적 수준과 차이가 있을 수 있다.

경제 성장 속도, 성장의 대출 의존도(예: 공장 건설 vs. 소프트웨어 개발), 인플레이션 기대심리 등 여러 요소를 접목한 더 정교한 분석 방식도 있다. 그러나 반드시 전부 알아야 할 내용은 아니다.

결국 중요한 것은 금리 흐름을 대략적으로라도 이해하는 것이다. 그래야 돈이 어떻게 움직이는지, 중앙은행이 정책을 어떻게 바꾸는지, 그리고 적정 정책 금리가 어느 수준이어야 하는지를 판단할 수 있다.

통화 정책의 복잡한 현실

통화 정책의 수립 과정은 결코 단순하지 않다. 인류 역사상 적절한 통화량을 정확히 설정한 적은 없었다. 돈을 너무 많이 풀면 인플레이션이 발생하고, 이는 재산 가치를 떨어뜨려 생필품 가격을 급등시키는 결과를 초래한다. 이는 중앙은행이 금리를 지나치게 낮게 설정할 때 발생하는 현상이다. 반대로, 돈을 너무 적게 풀면 경제활동이 둔화하고 심하면 후퇴할 수도 있다. 두 경우 모두 경제에 부정적인 영향을 미친다.

미국 연방준비제도는 이러한 극단적인 경기 변동을 완화하기 위해 1913년에 설립되었다. 그 배경을 살펴보면, 미국은 18세기 건국 이후 급격한 경제 변화를 겪었다. 도시화가 진행되면서 운하, 철도, 공장, 도로 등 대규모 인프라에 투자할 자본을 조달해야 했다. 철도를 건설하려면 엄청난 비용이 필요했는데, 이를 위해 대규모 차입이 이루어졌다. 철도 건설에는 무수한 철강과 침목, 그리고 이를 설치할 노동력이 필요했다. 자연스럽게 금융 시스템이 점점 복잡해졌고, 이에 따른 현금 흐름을 정확히 예측하기가 어려워졌다. 많은 사람이 그 흐름을 잘못 판단하면 현금이 급감할 수 있다.

통화 정책의 불확실성

19세기와 20세기 초반에는 이러한 현금 부족 사태를 해결하기 위해 민간 금융업자들이 개입하기도 했다. 대표적인 예가 J.P. 모건이다. 현재 그의 저택은 뉴욕에 있는 도서관으로 남아 있으며, 당시 금융계를 주도한 그의 역할을 엿볼 수 있다. 그러나 금융 시스템이 더욱 복잡해짐에 따라, 더 이상 누군가의 힘만으로는 위기를 해결할 수 없게 되었다.

중앙은행은 이런 배경으로 창설되었으며, 경기가 과열될 때는 통화량을 줄이고, 경제 활동이 둔화할 때는 통화량을 늘리는 방식으로 경기 변동을 완화하려 했다. 중앙은행은 돈을 직접 발행할 수 있는 막강한 권한을 가지고 있어 금융위기를 완화할 수도 있고, 반대로 새로운 위기를 초래할 수도 있다.

그리고 중앙은행이 이러한 권한을 현명하게 사용할 것이라는 보장은 없다. 중앙은행은 '기대 인플레이션'을 예측해야 하는데, 이는 현실적으로 매우 어려운 작업이다. 새로운 기술이 등장하면 경제에 미치는 영향을 가늠하기가 더욱 복잡해진다. 예를 들어, 인터넷의 보급으로 가격 비교가 쉬워져 전반적인 물가 상승을 억제하는 효과가 나타났다. 그러나 인터넷 산업에 대한 과도한 낙관론이 주식 시장 거품을 초래하기도 한다. 이런 상황에서 적절한 통화 정책을 수립하는 것은 결코 쉬운 일이 아니다.

이뿐만 아니라 금융 시스템 자체도 끊임없이 변화하고 있다.

금융 시스템과 신용 창출

금융은 기본적으로 돈을 모으는 사람과 돈을 빌리는 사람을 연결해주는 시스템이다. 예를 들어, 철도회사와 같은 차입자는 대규모 자본을 필요로 하며, 중앙은행은 돈을 발행하고, 은행과 같은 금융 기관은 예금을 받아 이를 대출로 전환한다. 금융 시장의 주요 자금 공급자는 일반 가계를 비롯하여 연기금, 보험사, 대학 기금, 국부펀드 등 다양한 기관들이 포함된다.

중앙은행이 돈을 발행하는 것 외에도, '신용^{credit}'이라는 또 다른 방식으로도 돈이 창출된다.

$$돈 = 발행된 화폐 + 신용(대출)$$

예를 들어, 개인이 신용카드 한도를 늘려 돈을 빌리면, 이는 새로운 돈을 만들어 내는 것과 같은 효과를 낸다. 이처럼 신용카드, 주택담보대출, 신용 대출, 정부채, 지방채, 회사채 등 다양한 방식으로 신용이 창출된다.

이러한 신용 창출은 중앙은행의 정책과 밀접한 관련이 있다. 중앙은행이 금리를 인하하면 단기 금리가 먼저 하락하고, 이후 장기 시장 금리에도 영향을 미쳐 전체 신용 시스템이 이에 반응한다. 즉, 금리 정책의 효과는 일종의 '메아리'처럼 점진적으로 시장에 퍼져나간다.

돈의 흐름 이해하기

마치 리오그란데 강의 흐름을 시각적으로 그려볼 수 있듯이, 돈의 흐름도 시간과 경험이 쌓이면 보이기 시작한다. 중앙은행이 돈을 창출하고, 금융 시스템이 이를 신용을 통해 경제 곳곳으로 분배한다. 돈은 항상 움직인다.

이자율, 즉 돈의 가격이 높아지면 저축하는 사람들에게는 이득이 되지만, 돈을 빌리는 사람들에게는 부담이 가중된다. 일반적으로 가계에서는 젊은 층이 대출을 많이 받는다. 사회에 첫발을 내딛는 이들에게 높은 대출 금리는 주택이나 자동차 구매를 어렵게 만들고 실업률 상승으로 이어질 위험도 있다. 반면, 저축하는 사람들은 대체로 연령대가 높은 편이며, 이들은 자신의 저축으로 생활해야 하기 때문에 높은 이자율이 유리할 수 있다. 이처럼 금리 정책은 세대 간 이해관계를 조율해야 하는 중요한 과제를 내포하고 있다.

돈의 흐름이 강할지 약할지를 파악하려면 중앙은행의 정책과 신용 공급 경로가 어떻게 작동하는지 살펴봐야 한다. 이는 마치 눈이 녹아 강으로 흘러드는 과정과 비슷하다. 하지만 가뭄이 예상치 못한 시점에 닥칠 수도 있다. 경제가 침체기에 접어들면 첫 직장을 구하는 것은 더욱 어려워지고, 은퇴 시점에 주식 시장이 폭락하면 그 영향은 치명적일 수 있다.

돈의 흐름은 긍정적이든 부정적이든 자기 강화적인 성격을 지닌다. 예를 들어, 한 개인이 주택 담보대출을 통해 주택을 구입하면, 해당 금액은 판매자의 자산으로 이전되며, 판매자는 이를 다시 소비하거나 투자할 수 있다. 반면, 대출 상환이 불가능해질 경우 금융 시스템 전반에 부정적인 영향을 미치게 된다.

이러한 자기 강화적 움직임은 시장의 거품을 만들고, 인플레이션과 디플레이션을 초래할 수 있다. 경제 호황은 예상보다 장기간 지속되는 경향이 있으며, 경기 침체 또한 마찬가지로 장기화될 가능성이 크다. 이는 부채가 단순히 소비를 만들어 내는 힘이 있다는 점과, 사람들이 최근 경험한 상황을 바탕으로 미래를 예상하는 심리적 특성에서 기인한다.

경제와 자산 시장의 차이

금융 시스템의 복잡한 생태계를 이해하는 안목은 시간이 지날수록 자연스레 길러진다. 중앙은행이 경제의 심장이라면,

신용 시스템은 혈관이다. 그리고 이 혈관들은 국경을 넘어 글로벌하게 연결되어 있다. 나는 달러로 돈을 빌릴 수 있고, 유로나 엔화로 빌릴 수도 있다. 외국 기업들 또한 자국 통화뿐만아니라 달러로도 자금을 조달할 수 있다. 경제의 향방을 예측하려면 이러한 모든 자금 흐름을 동시에 고려해야 한다.

가끔 자신만만하게 경제의 미래를 단언하는 사람들을 만나기도 하는데, 나 역시 투자를 할 때 미래를 염두에 두지만, 절대 확신하지 않는다. 경제에는 너무나 많은 변수가 얽혀 있기 때문이다. 이런 복잡성을 깨닫게 되면 자연스레 겸손한 태도를 갖게 된다.

경제와 자산 시장은 다르다. 경제는 우리가 일하는 방식이고, 자산은 그 일이 어떻게 자금 조달되는지를 의미한다. 각각의 자산군은 고유한 방식으로 작동하기 때문에 이를 이해하려면 단순히 중앙은행의 통화 발행과 신용 흐름만이 아니라, 각자산 시장이 작동하는 방식도 깊이 있게 파악해야 한다. 이 부분은 다음 장에서 다룰 것이다.

자산의 종류

자산은 현금, 주식, 채권, 부동산의 형태로 보유할 수 있다.
각 자산이 어떻게 움직이는지
기본적인 원리를 이해해야 한다.

투자 원칙

나는 투자하는 것을 좋아한다. 오랜 시간 동안 투자에 대해
공부해왔고, 여전히 배우는 중이다. 투자는 쉽게 익힐 수 있
는 것이 아니다. 평생에 걸쳐 지속적으로 학습해야 하는 분야
이다.

투자를 배운다는 것은 단순히 투자 방법을 익히는 것뿐만
아니라, 투자로 인한 스트레스에 대응할 수 있도록 마음과 몸
을 훈련하는 과정을 포함하기도 한다.

일자리를 구할 때는 회사라는 하나의 시스템만 이해하면 된
다. 회사가 어떻게 매출을 창출하고, 비용을 관리하는지, 이익
을 만드는 구조를 파악하면 된다. 하지만 투자할 때는 훨씬 더
큰 그림을 이해해야 한다. 단순히 개별 기업뿐만 아니라 해당
업계, 경제 전반의 흐름, 그리고 정책 변화까지 폭넓게 살펴봐
야 한다.

투자란 단순한 숫자를 분석하는 것뿐만 아니라, 시장 참여자들의 감정까지 포함하는 매우 역동적인 과정이다. 비록 변동성은 크더라도 몇 가지 핵심 원칙은 변하지 않으며, 이를 투자 판단의 기준으로 삼을 수 있다.

1. 자산은 시간이 지나면서 가치가 상승한다.

주식이나 채권과 같은 자산은 장기적으로 가치가 오르기 때문에, 현금으로 보유하는 것보다 자산에 투자하는 것이 유리하다.

2. 중앙은행의 통화 정책이 자산 가격에 영향을 미친다.

중앙은행이 돈을 많이 풀면(양적 완화) 자산 가격이 상승하는 경향이 있으며, 반대로 유동성을 줄이면(긴축 정책) 자산 가격이 하락하는 경향이 있다.

3. 자산의 현금 흐름을 분석하라.

모든 자산은 특정한 현금 흐름을 만들어 낸다. 예를 들어, 부동산의 경우 임대 수익이 발생하고, 주식은 배당금과 기업 가치 상승에 따른 주가 차익을 제공한다.

경제가 성장할 때는 주식이 높은 수익을 낼 가능성이 크며, 경제가 침체될 때는 정부 채권에 투자하는 것이 안전할 수 있다. 이러한 요소를 분석하면 특정 시점에서 어떤 자산이 더 나은 성과를 낼지 판단할 수 있다.

4. 잘 모른다면 포트폴리오를 분산하라.

중앙은행의 정책이나 개별 자산의 움직임을 깊이 이해하기 어렵다면, 가장 현명한 방법은 자산을 다양하게 분산하는 것이다.

간단한 예로, 보유 자산을 1/3은 주거용 부동산, 1/3은 장기 국채, 1/3은 주식으로 나누는 방식이 있다. 또는 20%는 명목채권, 20%는 물가연동채, 40%는 주식, 20%는 부동산(자신이 거주하는 집 포함)으로 구성할 수도 있다. 보다 정교한 포트폴리오를 구성하는 것도 가능하다. 포트폴리오 구성에 대해서는 다음 장에서 자세히 다룰 것이다.

분산투자와 포트폴리오의 중요성

포트폴리오는 여러 자산을 조합한 투자 구조를 의미한다. 특정 시기에는 경제 위기나 통화 긴축 등의 요인으로 인해 큰 손실을 볼 수도 있지만, 장기적으로는 자산이 투자한 현금보다 더 커지기 때문에 결국 성장하게 되어 있다.

자산의 가격 변동을 정확히 예측하는 것은 매우 어렵다. 따라서 시장 타이밍을 맞추려 하기보다는, 장기적으로 안정적인 수익을 낼 수 있는 포트폴리오를 구축하는 것이 중요하다.

손실은 투자에서 매우 중요한 문제다. 많은 사람이 복리compounding의 효과를 제대로 이해하지 못한 채 투자한다. 심지어 위험을 감수하는 것을 일종의 배짱이나 용기라고 생각하는 경우도 있다.

하지만 예를 들어 100만 원을 투자했는데 50% 손실을 본다면, 원금 회복을 위해서 120%의 수익을 올려야 한다. 이는 매

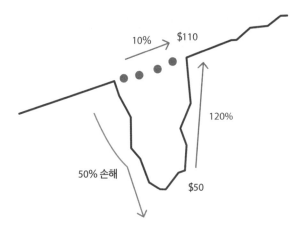

우 어려운 일이다.

따라서 연평균 8~10%의 안정적인 수익을 올리는 것은 큰 손실과 변동성을 동반하는 투자보다 훨씬 더 효과적이다. 이를 위해서는 서로 다른 시기에 오르내리는 다양한 자산을 보유하는 것이 중요하다.

예를 들어, 애플과 같은 IT 기업의 현금 흐름은 호주의 석탄 기업과는 전혀 다르다. 이러한 다양한 자산을 조합하면 특정 시장 상황에서도 안정적인 수익을 유지할 수 있다.

투자의 기초: 자산 이해하기

어릴 때 나는 투자에 대해 들어본 적도 없었고, 복리에 대해서는 더더욱 알지 못했다.

아버지는 가운을 입고 도자기 컵에 담긴 블랙커피를 마시며 신문을 읽곤 했다. 그러나 비즈니스 섹션은 한 번도 펼친 적이 없었다.

아마도 금융 용어가 익숙하지 않았기 때문일 것이다. 금융 시장에 관심이 있는 사람들은 자신들만의 언어를 사용한다. 마치 특정 스포츠에 관심이 있는 사람들이 전문 용어를 쓰는 것과 같다. 이들은 '연준', '금리', '시장' 같은 용어를 당연하다는 듯이 사용한다. 나 역시 이 책에서 그런 용어를 사용하고 있다. 이러한 금융 용어와 더불어 강한 의견, 그리고 '닷컴 버블 붕괴' 같은 역사적 사건에 대한 언급은 외부인들에게는 생소한 이야기일 수 있다. 확실한 건, 어린 시절 아버지와는 이런 이야기를 나눈 적이 없었다.

자산 간 차이를 이해하기까지는 오랜 시간이 걸렸다. 대학원에서도, 〈월스트리트저널〉에서도 배우지 못했다. 1996년, 다우존스의 누군가가 은퇴자금용 계좌인 '401(k) 계좌'를 위한 투자 상품 목록이 적힌 팸플릿을 주었다. 거기에는 수백 개의 뮤추얼 펀드가 나열되어 있었다. 도대체 이 펀드들은 어떤 차이가 있는 걸까? 국내에 투자해야 할까, 아니면 해외에 투자해야 할까? 아무것도 모르는 내 자신이 부끄러웠다. 언론에서 들리는 이야기는 그저 "장기적으로는 주식이 좋다"라는 말뿐이었다. 과연 그것이 사실일까? 단지 많은 사람이 그렇게 말한다고 해서 사실일 리는 없었다.

이 의문을 해결하기까지 나는 긴 여정을 거쳤다.

우선 은행에서 근무하며 실무 경험을 쌓았고, 개인적으로 투자 경험을 쌓았다. 엄청나게 많은 책을 읽었고, 세계적인 헤지펀드 브리지워터에서 오랜 시간 일하며 답을 찾았다. 브리지워터에 입사한 첫해, 나는 최고투자책임자Chief Investment Officer, CIO가 진행하는 투자 수업을 통과해야 했다. U자형 테이블에 앉아 하나하나 투자 개념을 배웠고, 간신히 살아남았다.

그 후에도 수년간 펀드 운영의 핵심을 경험하며 많은 것들을 배웠다. 물론 내가 여기서 모든 것을 이야기할 수는 없지만, 브리지워터의 투자 철학은 세상에 이미 알려졌으니 찾아보길 바란다. 참고로, 나는 브리지워터의 투자 철학 중 동의하지 않는 부분들은 내 성향과 필요에 맞게 조정했다.

이러한 배경을 바탕으로 투자할 때 반드시 알아야 할 핵심 개념을 소개한다. 기술적인 부분도 있지만, 투자자로서 반드시 이해해야 할 필수 개념들이다. 주요 용어와 개념은 가격에 반영된 미래 가치, 현금, 주식, 채권, 원자재, 통화, 부동산이다.

미래 가치

어떤 자산을 매수하기 전에 반드시 확인해야 할 것이 있다. 바로 그 자산이 현재 가격에 어떤 기대치를 반영하고 있는가이다.

이 개념은 직관적으로 이해하기 어려울 수도 있다. 자동차를 예로 들어보자. 예를 들어, 신형 아우디가 오래된 혼다보다 안전하더라도, 그것이 무료로 제공되는 것은 아니다. 더 많은 안전 기능이 포함된 만큼 더 비싼 가격을 지불해야 한다. 즉, 안전함이 가격에 반영된 것이다.

금융 상품도 마찬가지다. 우리가 주식, 채권, 원자재, 통화를 매수할 때 단순히 현재 가격을 지불하는 것이 아니다. 사실상 미래에 대한 기대치가 반영된 가격을 지불하는 것이다. 이것이 트레이더들이 말하는 '가격에 반영된 미래 가치discounting'이다.

예를 들어, 만약 당신이 정부가 발행한 10년 만기 채권을 연 4% 수익률로 매수한다고 가정하자. 그렇다면, 시장은 해당 채

209

권의 수익률이 앞으로 10년 동안 물가 상승률보다 높을 것이라고 기대하는 것이다. 만약 예상 인플레이션이 4%를 초과할 것이라고 믿는다면, 당신은 이 채권을 매수하지 않을 것이다. 즉, 이 채권의 가격은 4% 이하의 인플레이션을 예상하는 '시장의 기대를 반영'하고 있다.

주식 투자에서도 이 원칙이 적용된다. 예를 들어, 아직 수익을 내지 못하는 기업의 주식을 매수하는 경우를 생각해 보자. 왜 적자를 내고 있는 기업의 주식을 살까? 바로 미래에 큰 수익을 낼 것이라고 기대하기 때문이다.

즉, 오늘 보이는 주가는 단순한 현재 가치가 아니다. 그것은 시장 참가자들이 미래를 어떻게 예상하는가를 반영한 가격이다. 이 기대치는 10년 후를 반영할 수도 있고, 때로는 단 10분 후의 상황을 반영할 수도 있다.

모든 시장에는 '미래의 기대 가치가 반영된 가격^{discounted price}'이 존재한다. 만약 이 개념을 이해하지 못한 채 투자한다면, 당신은 예상과 전혀 다른 것을 매수하게 될 것이고, 결국에는 손실을 보게 될 것이다.

투자는 단순히 좋은 기업을 찾는 것이 아니다. 현재 가격이 미래의 기대를 어떻게 반영하고 있는지 파악하는 것이 핵심이다. 그렇지 않으면, 유망해 보이는 주식을 매입했지만, 이미 시장이 해당 기대를 반영한 후여서 주가가 하락하는 상황을 겪을 수도 있다.

현금

투자를 시작할 때 가장 기본이 되는 것이 현금이다. 현금은 지갑 속에 있는 돈과 같다. 당장 사용할 수 있다는 점에서는 유용하지만, 반대로 아무런 변화도 없는 자산이라는 점에서 단점이 있다. 현금은 실질 기대 수익률이 마이너스이므로, 시간이 지나면 그 가치가 줄어든다. 주된 이유는 인플레이션 때문이다.

현금은 또 다른 의미에서 '비상 자금'이라고 할 수도 있다. 갑작스러운 실직이나 부채 상환을 대비해 반드시 일정 금액을 보유해야 하지만, 너무 많은 현금을 보유하는 것은 바람직하지 않다.

그러나 현금과 관련된 환경은 언제든 변할 수 있다. 중앙은행이 시중의 자금 흐름을 강하게 억제하려고 하면, 현금 금리가 높아짐에 따라 매력적인 투자처가 될 수도 있다. 물론 장기적으로 그렇지는 않지만, 특정 시점에서는 유리할 수도 있다. 또한, 각 국가의 금리 환경에 따라 '현금'의 개념이 다르게 인식될 수 있다. 예를 들어, 미국과 유럽, 브라질, 한국의 현금 금리는 서로 다르다.

통화에 대해서는 뒤에서 다루겠지만, 통화는 한 국가의 현금을 다른 국가의 현금으로 바꾸는 과정에서 형성되는 가격이다. 현금 금리가 시장에서 어떻게 반영되는지는 선물 시장을 보면 알 수 있지만, 여기에서는 깊이 다루지 않겠다.

주식

    주식은 기업의 지분을 소유하는 것을 의미한다. 일반적으로 기업이 이익을 내면 주식 가치가 상승하고, 손실을 보면 주가가 하락한다. 즉, 주식의 수익률은 기업의 실적에 의해 결정된다.

    주식의 가치는 크게 두 가지 요소로 정해진다. 첫 번째는 기업의 수익(이익)이고, 두 번째는 수익 대비 주가 수준을 나타내는 주가수익비율^{PER, Price-to-Earnings Ratio}이다. PER은 투자자가 기업의 이익을 소유하기 위해 얼마나 많은 돈을 지불해야 하는지를 보여준다. 이를 식으로 나타내면 다음과 같다.

주식 가치 = 주가수익비율(PER) × 이익

    일부 투자자는 배당^{dividend}을 세 번째 요소로 고려하지만, 배당은 기본적으로 기업의 이익에서 나오는 것이므로 주식 평가 시 핵심 요소인 이익과 분리해서 볼 필요는 없다.

미래의 주식 가치를 예측하는 것은 투자에서 가장 큰 과제다. 예를 들어, 레모네이드 가게가 있다고 가정해 보자. 이 가게가 레모네이드를 10달러치 판매하고 원재료비와 운영비로 5달러가 든다면, 이익은 5달러가 된다. 그렇다면 이 가게의 가치는 얼마일까? 투자자들이 이익의 5배를 주고 산다고 가정하면, 이 기업의 가치는 25달러가 된다. 즉, 다음과 같은 계산이 성립한다.

$$기업\ 가치 = 5 \times 5달러 = 25달러$$

이때 기업이 10개의 주식으로 나뉘어 있다면, 한 주당 가격은 2.5달러가 된다. 기업이 성장하고 더 많은 수익을 창출하면, 일부 수익을 배당금 형태로 지급할 수도 있다. 예를 들어, 배당수익률이 10%라면, 주당 배당금은 2.5달러의 10%인 0.25달러가 된다.

PER이 5인 레모네이드 가게와 비교했을 때, 급성장하는 기술 기업의 PER은 훨씬 높을 수 있다. 이는 기술 기업이 레모네이드 가게보다 훨씬 빠르게 성장할 가능성이 높기 때문이다.

그러나 주식 시장에서는 여러 변수가 동시에 작용한다. 만약 레모네이드가 건강에 좋은 음료로 알려지면, 기업의 이익이 급증할 것이다. 반면 가뭄으로 인해 레몬 가격이 급등하면, 원재료 비용이 증가하여 기업의 이익이 감소할 수 있다. 또, 경제가 침체되면 기업의 수익이 줄어들 가능성이 높아지지만, 동시에 레모네이드가 항암 효과가 있다는 연구 결과가 나오면 PER이 상승할 수도 있다. 결국 주가의 변동은 기업의 이익 변화와 PER의 변동이 어떻게 맞물리는지에 따라 결정된다.

주식을 산다는 것은 기업의 일부를 소유하는 것이다. 주식을 매수하는 것은 단순히 가격이 오르길 기대하는 것이 아니라, 실제로 한 기업의 일부를 소유하는 행위이다. 겉으로는 매력적으로 보이지만, 기업의 경영진과 주주의 이해관계가 항상 일치하는 것은 아니다.

예를 들어, CEO가 현금으로 보상을 받는 경우, 그는 주가 상승에 크게 관심을 두지 않을 수 있다. 반면, 주식으로 보상을 받는다면 주가 상승에 더 많은 관심을 기울일 가능성이 크다. 또한, 일부 CEO는 자사주 매입과 같은 방식으로 주주들에게 직접적인 이익을 주기보다는, 기업을 키우려는 야망이나 개인적인 명성을 쌓기 위해 다른 기업을 인수하려 할 수도 있다.

이처럼 투자자는 경영진의 이러한 변덕에 노출될 수밖에 없다. 그렇기 때문에 숙련된 투자자들은 항상 기업과 시장의 변화를 예의주시하며, 뉴스에 민감하게 반응한다. 기업의 CEO는 일종의 자금 관리자와도 같아서, 경제 변화에 따라 기업의 사업 부문을 확장하거나 축소하는 결정을 내린다. 투자자는 경제 변화를 예측하며 주식을 사고판다.

주가와 대체 투자 수단

일반적으로 주식은 경제 상황과 밀접한 연관이 있다. 경제 성장률이 둔화되면 소비가 줄어들고, 기업의 실적도 악화된다. 주식이 경제 변화에 매우 민감한 이유이다. 반대로, 경제가 호황이면 기업의 수익도 증가할 가능성이 높다. 하지만 때때로 개별 기업의 특수한 요인이 실적을 크게 움직일 수도 있다. 예를 들어, 레모네이드가 항암 효과가 있다는 연구 결과가 발표되면, 해당 기업의 주가는 급등할 수 있다. 반면, 극심한 가뭄으로 레몬 가격이 상승하면 원가 부담은 커지고 이익이 감소할 수도 있다.

주식 투자자들은 다양한 지표를 분석하여 기업의 미래 실적을 예측하려 한다. 이는 마치 자동차 애호가들이 차량의 성능 지표를 살펴보는 것과 같다. 그러나 주식 투자에서 가장 중요한 것은 결국 기업의 수익과 이를 평가하는 미래 가치가 반영된 가격이다. 다만 기업의 실적은 속한 산업 분야에 따라 크게 다르다.

주식을 매수할 때는 단순히 해당 기업의 미래 실적만 고려하는 것이 아니라, 다른 투자 대안과 비교하는 것도 중요하다. 예를 들어, 어떤 주식의 PER이 20이라면, 이는 해당 주식의 기대 수익률이 20분의 1인 5%라는 의미이다. 그런데 중앙은행이 금리를 6%로 인상하면, 굳이 변동성이 높은 주식을 보유하기보다 안정적인 현금성 자산이 나을 수도 있다. 반대로, 해당 기업의 실적이 급격히 개선될 가능성이 있다면, 여전히 주식이 매력적인 선택이 될 수 있다.

결국 자산 간의 상대적인 가격 변화를 이해하는 것이 투자에 있어 필수적이다. 뉴스에서 트레이더들이 여러 개의 모니터를 바라보는 모습을 본 적이 있을 것이다. 그들은 주식, 채권, 현금 등 다양한 자산의 상대적인 가격 변화를 분석하며 최적의 투자 결정을 내리기 위해 노력한다.

이처럼 주식 투자에는 수많은 변수가 얽혀 있다. 가끔 친구들이 "지금 마이크로소프트 주식을 사야 할까?"라고 묻곤 한다. 그러나 이 질문에 제대로 답하려면, 해당 기업뿐만 아니라 전체 경제 상황, 대체 투자 수단, 시장 심리 등 다양한 요소를 고려해야 한다.

채권

많은 사람이 채권을 어렵게 느끼는 이유는 수학적인 개념이 다수 포함되어 있기 때문이다. 하지만 채권을 이해하지 않고서는 금융 시장을 제대로 이해하기 어렵다. 채권은 돈의 가격을 결정하는 핵심 요소이며, 이 가격은 주식 및 다른 자산의 가치에 직접적인 영향을 미친다.

앞서 설명했듯이 정부 채권의 명목 금리는 실질(인플레이션 조정 후) 금리를 보여주며, 이는 다시 주식과 유동 자산의 가격에 영향을 미치고, 이는 다시 상업용 부동산과 같은 비유동성 자산의 가격 결정에 영향을 미친다.

모든 채권은 돈을 빌리기 위한 것이다. 채권의 가장 기본적인 형태는 정부 채권이다. 이는 정부가 돈을 빌리기 위해 발행하는 채권이며, 이자율이 정해져 있다. 기업이 발행하는 채권은 회사채라 하며, 신용등급이 낮은 기업이 발행하는 채권은 고위험 채권high-yield bond이라고 한다. 모든 채권은 본질적으로 대출과 같다.

일반적으로 주식은 가격으로 표시되지만, 채권은 수익률yield로 표시된다. 투자자는 주식과 채권을 비교할 때, 주식을 일정한 수익률을 제공하는 자산으로 변환하여 비교하는 것이 유용하다. 앞서 언급했듯, PER이 20인 주식의 기대 수익률은 5%(1/20)이다. 만약 중앙은행이 금리를 6%까지 인상하면, 더 높은 수익을 제공하는 채권이 주식보다 매력적인 선택이 될 수도 있다.

주식 투자로 얻는 수익은 변동성이 크다. 반면, 채권은 지급금이 고정되어 있다. 기업이나 정부는 투자자에게 약속한 수익을 지급할 법적 의무가 있지만, 주식 보유자에게는 수익을 지급받을 권리가 보장된 것은 아니다. 채권을 만기까지 보유하면 이자율이 변하지 않지만, 많은 투자자는 만기 전에 채권을 매매한다.

시장 금리가 하락하면 채권 가격은 상승하고, 반대로 시장 금리가 상승하면 채권 가격은 하락한다. 예를 들어, 5% 수익률의 5년 만기 채권을 매입하고 만기까지 보유하면 연 5%의 수익을 얻고, 만기 시 원금을 돌려받는다. 하지만 10년 만기 채권을 5% 표면 금리에 매입한 후 경제 상황이 악화되어 시장 금리가 3%로 하락하면, 채권 가격이 상승한다. 이 경우, 투자자가 채권을 매각하면 가격 상승으로 인해 약 15%의 수익률을 실현할 수 있다. 단, 만기까지 보유할 경우에는 여전히 연 5%의 수익만 얻을 수 있다.

채권 수익률의 구성 요소

채권은 만기에 따라 분류된다. 2년 만기 채권은 2년 후, 30년 만기 채권은 30년 후 상환된다. 만기가 서로 다른 채권 수익률을 연결하면 '수익률 곡선yield curve'이 형성된다.

장기 채권 수익률이 단기 채권보다 높을 경우(가파른 수익률 곡선), 시장은 향후 강한 경제 성장과 인플레이션을, 장기 채권 수익률이 단기 채권보다 낮을 경우(역전된 수익률 곡선), 시장은 향후 경기 둔화 또는 금리 인하를 예상한다는 의미다.

채권의 수익률은 일반적으로 세 가지 요소로 구성된다.

- 실질 수익률real yield : 인플레이션을 고려한 실제 이자율
- 기대 인플레이션expected inflation : 시장이 예상하는 물가 상승률
- 신용 스프레드credit spread : 정부가 아닌 차입자가 부담하는 추가 이자율(회사채의 경우 적용됨)

예를 들어, 5년 만기 국채 수익률이 5%라면, 이 중 2%는 실질 수익률, 3%는 기대 인플레이션을 반영한 것이다. 같은 조건에서 기업 채권이 6.5%의 수익률을 제공한다면, 기업은 정부보다 1.5%의 신용 스프레드를 부담하는 셈이다. 이 스프레

드는 채무 불이행 위험을 보상하기 위한 것이다.

다양한 채권의 종류

1. 국채

국채는 정부가 발행하는 채권으로, 이론적으로는 채무 불이행 위험이 없다. 정부는 필요할 경우 돈을 찍어내어 상환할 수 있기 때문이다. 단, 의도적 채무 불이행이 요구되는 정치적 변화가 없다는 전제에서만 가능하다. 경기가 침체될 때 국채는 안전한 투자처로 여겨진다.

2. 회사채

회사채는 기업이 자금을 조달하기 위해 발행하는 채권이다. 국채와 달리 채무 불이행을 할 수 있는 '신용 위험$^{credit\ risk}$'이 있으며, 이로 인해 추가이자율인 신용 스프레드를 더해 국채보다 높은 금리를 제공한다. 2%의 스프레드는 대략 2%의 채무 불이행 위험을 반영한다. 스프레드는 기업의 신용도와 시장 상황에 따라 달라진다. 경제가 호황일 때 기업 채권의 스프레드는 축소되지만, 불황이 오면 확대된다.

3. 지방채

지방채는 지방정부나 공공기관이 발행하는 채권이다. 국채와 유사하지만, 지방정부는 화폐를 발행할 수 없으므로 국채보다 상대적으로 신용 위험이 높다. 일반적으로 지방채는 세금 혜택이 있어 국채보다 낮은 수익률을 제공한다.

4. 물가연동채

물가연동채는 보장된 실질 수익률을 지급하는 채권이다. 즉, 인플레이션율에 따라 이자율이 상승하거나 하락하도록 조정된다. 예를 들어, 초기 수익률이 4%인 물가연동채를 매입했다고 가정하자. 이때 그 채권은 1%의 실질 수익률과 3%의 인플레이션 기대를 반영한 수익률로 구성된다. 만약 채권의 만기 기간 동안 실제 인플레이션율이 3%가 아닌 4%로 나타난다면, 채권의 수익률은 1%의 실질 수익률에 4%의 인플레이션율이 더해져 5%로 조정된다. 이 경우 실질 수익률은 동일하지만 명목 수익률은 달라진다. 실제로 '인플레이션 가산액'이라 불리는 이 부분은 채권 만기 시 지급받는 원금에 추가된다.

물가연동채는 물가 상승기에 주식과 일반 채권이 부진할 때 유용할 수 있다. 예를 들어, 인플레이션이 예기치 않게 상승하면 물가연동채가 도움이 될 수 있다.

5. 신흥국 채권Emerging Market Bonds

신흥국 채권은 개발도상국이 발행하는 채권이다. 발행국의 경제 상황, 법률 체계, 통화 가치 변동 등에 따라 위험이 크다. 일부 채권은 달러로 상환되고, 일부 채권은 브라질 헤알Real

Brasileiro, BRL과 같은 현지 통화로 상환되므로 환율 변동에 취약하다.

이처럼 채권은 다양한 종류가 있으며, 투자자는 경기 상황과 목표에 맞춰 적절한 채권을 선택해야 한다. 채권 시장을 이해하는 것은 금융 시장 전반을 파악하는 데 필수적이다.

원자재

원자재란 석유, 구리, 밀과 같이 특정한 원료를 의미한다. 이들은 인플레이션이 오르면 가치가 상승하는 '실물 자산'이다. 밀의 경우, 기본적인 수요가 존재하므로, 그 가격은 시중에 풀린 돈의 양에 맞춰 조정된다. 주식이나 채권처럼 원자재의 가격에도 미래 기대 가치가 반영된다.

원자재 거래의 주된 방식은 '선물futures'이다. 선물 계약은 19세기 미국에서 농부들이 면화나 밀과 같은 농산물의 가격 위험을 헤지하기 위해 도입한 제도로, 농부들이 미래의 가격을 미리 확정함으로써 사업상의 위험을 줄일 수 있게 한 획기적인 발명이었다. 투자자로서 원한다면, 이 선물 거래의 반대편에 설 수도 있다.

예기치 않은 인플레이션 폭등 시, 예를 들어 한 해 전 가격에 기름을 미리 판매해 두었는데 중동에서 전쟁이 발발하여

유가(기름값)가 급등하면, 낮은 가격에 기름을 산 투자자는 이익을 얻을 것이다. 물론, 하락하는 경우도 빈번하다. 코로나 팬데믹 때는 수요 충격으로 인해 유가가 잠시 마이너스까지 떨어진 적도 있다.

원자재는 우리가 생존하는 데 필수적인 것과 연관되어 있다. 우리는 음식과 빛 없이는 살 수 없고, 이들 모두 비료, 운송, 전력 생산 등의 에너지에 의존한다. 그러므로 원자재를 이해한다는 것은 문명의 기본을 이해하는 것과 같다. 최초의 선물 거래가 농산물에서 시작된 이후, 이제는 대부분의 금융 상품에도 선물 계약이 존재한다.

앞서 현금 흐름을 현재 가치로 환산하는 개념을 이야기할 때도 언급한 바 있다. 예를 들어, 금리 선물 시장에서 무엇이 반영되어 있는지를 살펴보면, 시장 참여자들이 미래의 현금 금리를 어떻게 예상하는지 정확히 알 수 있다.

통화

통화는 특정 자산이 아닌 단순히 한 국가에서 다른 국가로, 또는 한 통화권에서 다른 통화권으로 전환할 때의 가격이다. 미국 투자자라면 해외 자산을 직접 구매할 수 없으므로, 자신의 미국 달러를 판매해 외국 통화를 구입한 후 그 통화로 주식 같은 자산을 구매해야 한다.

암호화폐는 정부에서 찍어내지 않는 통화이며, 금 또한 정부에서 발행하지 않는 통화이다. 암호화폐와 금을 열성적으로 숭배하기까지 하는 사람들도 있지만, 그래도 통화의 종류일 뿐이다.

통화의 가격은 모든 자산과 마찬가지로 수요와 공급에 의해 결정된다. 예를 들어, 달러의 미래 가격을 예측하려면 미국이 얼마나 많은 달러를 발행하고 공급하는지와, 전 세계에서 얼마나 많은 달러를 구매하는지를 알아야 한다.

부동산

부동산은 기본적으로 채권과 비슷하다. 예를 들어, 집을 소유하고 임대를 준다면 임대료가 이자 수익이 되고, 집 자체가 원금이 된다. 다만, 채권과 마찬가지로 부동산에도 여러 종류가 있다. 호텔처럼 매일 가격이 변동하는 부동산도 있고, 정부 건물과 같이 임대료가 천천히 변하는 부동산도 있다.

부동산을 구입할 때 부채의 여부는 그 특성을 크게 바꾼다. 또한, 사용한 부채가 고정금리인지 변동금리인지도 중요한 요소이다. 변동금리는 채권 시장 상황에 따라 비용이 달라지므로, 어떤 부동산은 높은 시장 금리의 영향을 크게 받을 수 있다.

부동산의 주요 특징 중 하나는 유동성이 낮다는 것이다. 필요할 때 ATM에서 인출하는 현금처럼 접근성은 없지만, 이에 대한 대가로 투자자는 더 높은 수익률을 요구한다. 이론적으로, 유동성이 낮은 자산에는 '유동성 프리미엄'이 존재하지만, 이를 증명하는 것은 쉽지 않다.

이처럼 먼저 각 자산의 기본 원리를 이해한 후, 이를 기반으로 포트폴리오를 구성해야 한다. 다음 장에서는 포트폴리오 구성에 대해 자세히 다룰 것이다.

11

포트폴리오

포트폴리오는 여러 자산을 모아둔 것이다.
기본적으로 위험을 분산하는 것이 중요하며,
가능한 한 균형 있게 자산을 배분하는 것이 좋다.

투자를 배우는 가장 좋은 방법

자산을 조합하는 과정은 요리와 비슷하다. 어떤 재료를 사용해 어떻게 조합할지를 선택해야 한다. 다양한 요리책이 존재하듯, 자산을 최적으로 배분하는 방법에 대한 책도 많다.

과거 브리지워터에서 신입사원들이 투자하는 법을 배우고 싶다고 내게 물어보곤 했다. 이에 대한 최고의 답은 '직접 해보는 것'이다. 만약 500만 원을 저축해 두었다면, 100만 원 정도를 투자해 보라. 실제 돈이 걸리는 순간, 모든 것이 달라진다. 뇌가 완전히 다르게 작동하기 시작한다.

이전 장에서 다룬 자산들이 기본적인 투자 대상이다. 물론 부실 채권, 전환사채, 신용부도스와프Credit Default Swap, CDS 같은 다양한 자산도 있지만, 이런 복잡한 상품이 없어도 충분히 균형 잡힌 포트폴리오를 만들 수 있다.

자산을 조합하려면 목표가 분명해야 한다. 요리도 어떤 음식을 만들지 정해야 하듯, 투자에서도 목표를 설정하는 것이 필수이다.

나의 경우에는 높은 수익률을 복리로 지속적으로 유지하는 것을 목표로 삼았다.

수익률 자체도 중요하지만, 복리를 활용하려면 '위험 관리'가 핵심이다. 위험은 간과하는 것이 아니라, 이해하는 것이고 그것이 장기적인 수익을 극대화하는 핵심이다.

위험이란 무엇인가?

위험은 여러 의미로 쓰이지만, 여기서는 포트폴리오 가치가 얼마나 하락할 수 있는지를 의미한다. 이는 수학적 개념이지만, 동시에 실질적인 문제이기도 하다. 이전 장에서 복리 효과를 설명했지만, 이번에는 손실을 최소화하여 복리가 제대로 작동하게 만드는 방법을 살펴보겠다.

예를 들어, 연평균 기대 수익률이 8%이고 연간 변동성이 10%인 포트폴리오가 있다고 가정해 보자. 이 경우 일반적인 해에는 8% 수익을 기대할 수 있지만, 상황이 좋지 않으면 -2% 하락할 수도 있고, 극단적인 경우 -22%까지 떨어질 수도 있다.

이 계산은 다음과 같다.

기대수익률(8%) - 변동성(10%) = -2%(일반적인 하락 폭)

2번 연속 변동성이 발생하면 −12%, 3번 연속이면 −22% 하락할 수도 있다. −22%는 며칠 또는 1년 동안 발생할 수 있다.

이것이 바로 '표준 편차'라는 개념이다. 수학적으로 다소 복잡하지만, 핵심은 모든 포트폴리오에는 일정한 변동 범위(이 예의 경우 10%의 리스크)가 있으며, 그 범위를 고려해야 한다는 점이다. 금융위기와 같은 극단적인 상황에서 포트폴리오는 평균보다 3배 이상의 변동성을 보일 수도 있다. 오랜 기간 투자하다 보면 누구나 이런 상황을 겪게 된다.

월별 변동성을 살펴보면 포트폴리오가 위험한지 아닌지 평가할 수 있다. 나는 한 달에 2~4% 정도의 변동성은 감당할 수 있다고 생각하지만, 그 이상이면 불안하다. 특히 한 달에 10% 상승했다면, 같은 확률로 10% 하락할 수도 있다는 뜻이다. 나는 한 달 만에 10% 손실을 보고 싶지 않다. 만약 이런 큰 변동성을 경험하고 싶지 않다면, 포트폴리오 구성을 다시 살펴봐야 한다. 음식이 너무 맵다면 재료를 바꿔야 하는 것과 같은 원리다.

대부분의 투자자가 저지르는 실수

위험이 크면 큰 수익을 낼 가능성이 높아지는 동시에 자본을 모두 잃을 가능성도 커진다. 예를 들어, 변동성이 10%가 아니라 30%라면, 몇 번의 나쁜 시장 흐름만으로도 100달러가 거의 0에 수렴할 수 있다. 실제로 내가 아는 투자자 중 한 명은 1년 만에 100%의 수익을 냈지만, 그다음 해에 60%를 잃었다. 이처럼 큰 손실을 입으면 회복하기가 어려워진다. 현재까지도 그는 손실을 만회하지 못하고 있다.

많은 사람이 개별 주식이나 전체 주식 시장에 베팅하려고 한다. 그러나 대부분 이것은 시간 낭비다. 사람들은 쉽게 돈을 벌 수 있을 것이라는 환상에 빠진다. AI나 철도와 같은 신기술이 미래에 중요할 것이라는 정보만으로 투자 결정을 내린다. 하지만 이미 시장 가격에 이러한 기대가 반영되어 있다. 유명한 주식들이 높은 PER을 가지는 이유도 여기에 있다.

이익을 내려면, 다른 투자자들보다 더 많은 정보를 알아야 한다. 그러나 하루 종일 투자에 매진하지 않는 이상, 시장을 이길 확률은 매우 낮다.

설령 투자에 전념하더라도, 개별 기업이 어떻게 운영되는지 정확히 아는 것은 어렵다. 나는 과거 브리지워터에서 일할 때 회사에 관한 언론 보도를 자주 접했다. 그러나 외부에서 추측하는 브리지워터의 투자 전략은 실제와 다를 때가 많았다. 내부자가 아니라면 기업이나 특정 자산군에 대해 정확한 정보를 얻기는 쉽지 않다. 따라서 일반적 상황이라면 다양한 자산으로 구성된 포트폴리오를 유지하고, 정기적으로 리밸런싱하는 것이 최선의 전략이다.

포트폴리오를 어떻게 설계할 것인가?

이쯤이면 내가 어떤 말을 할지 짐작할 수 있을 것이다. 정답이 하나로 정해진 것은 아니다. 내가 줄 수 있는 가장 좋은 조언은 스스로 생각하는 법을 배우고, 복리와 분산투자에 항상 집중하라는 것이다.

젊을 때는 사소한 일들이 미래에 얼마나 많은 영향을 주는지 체감하기 어렵다. 하지만 실제로는 그렇게 된다. 앞서 극심한 손실이 단기 복리에 얼마나 큰 타격을 주는지 이야기했다. 반대로, 연 8%나 10%의 수익률이 누적되는 과정은 시간이 오래 걸리지만, 그 효과는 엄청나다. 이는 마치 숙면을 우선시하는 것과 같다. 하루이틀만 놓고 보면 별 차이가 없을 수 있지만, 인생 전체를 놓고 보면 그 차이는 엄청나다.

예를 들어, 30세에 1,000달러를 투자해 연 8% 복리로 굴린다면, 80세가 되었을 때 그 금액은 4만 6,900달러가 된다. 만약 5년 더 일찍, 25세부터 시작했다면, 같은 금액이 80세에는 6만 8,910달러로 불어난다. 이것이 바로 복리의 힘이다. 워런 버핏이 그렇게 부자가 된 이유 중 하나도 그가 90대인 지금까지도 복리를 계속해서 활용하고 있기 때문이다.

분산투자는 필수다

분산투자라는 말은 흔히 채권과 마찬가지로 따분하게 들린다. 하지만 복리가 중요한 만큼, 분산투자도 필수적이다. 핵심 원리는 장기적으로 가치가 상승할 것으로 예상되는 두 가지 이상의 자산을 보유하고, 이 자산들이 서로 다른 시점에 상승하는 특성을 가지도록 하는 것이다.

하나의 자산 가격이 하락하더라도 다른 자산이 상승하면 손실을 줄일 수 있고, 이는 결국 복리 효과를 극대화하는 데 도움이 된다.

이 원리를 이해하면, 기존의 일부 투자 조언이 왜 적절하지 않은지 알 수 있다. 대표적인 예가 '60/40 포트폴리오'이다. 이는 전체 투자금의 60%를 주식에, 40%를 10년 만기 국채에 배분하는 전략이다. 하지만 주식은 채권보다 변동성이 훨씬 크기 때문에, 60/40 포트폴리오는 사실상 주식 위주의 포트폴리오와 다를 바 없다. 따라서 주식 시장이 부진하면 포트폴리오 전체가 크게 흔들리면서 복리 효과가 무너질 수 있다.

장기적으로 투자 원칙들은 서로 연결되어 있다. 먼저 무위험 자산을 확보하고, 그다음에 장기적으로 발생할 수 있는 다양한 리스크에 대비할 수 있도록 자산을 배분해야 한다.

투자를 배우는 과정은 스포츠를 배우는 것과 비슷하다. 어떤 스포츠든 처음에는 개별 동작을 익히는 것으로 시작한다. 하지만 결국에는 개별 동작이 자연스럽게 연결되며 흐름을 이루게 된다. 마찬가지로, 모든 투자자는 자신만의 스타일과 접근 방식을 갖게 된다.

개인 상황에 맞는 포트폴리오 구성

어떤 포트폴리오를 구성할지는 개인의 상황에 따라 달라진다. 중요한 요소 중 하나는 소득의 특성이다. 앞서 무위험 자산을 결정하는 과정에서 이 점을 언급한 바 있다. 하지만 소득의 특성을 이해하는 것은 투자 전략을 짜는 데도 필수적이다. 예를 들어, 만약 당신이 IT 업계에서 일한다면 굳이 IT 기업 주식을 많이 보유할 필요가 없다. 아니, 오히려 IT 주식에 과도하게 투자하는 것은 위험하다. 특정 산업에 대한 지나친 집중은 리스크를 키울 수 있기 때문이다.

한 가지 사례를 보자. 내 친구 중 한 명이 시티그룹Citigroup에서 오랫동안 근무했다. 2008년 금융위기 이전, 시티그룹 직원

들 사이에서 시티그룹 주식을 보유하는 것이 가장 좋은 재테
크 방법이라는 믿음이 있었다고 한다. 자신이 일하는 회사의
주식을 보유하는 것이 회사와 팀에 대한 신뢰를 보여주는 방
법이라는 인식도 있었다.

그러나 이 전략은 최악의 선택이었다. 금융위기가 닥치자
시티그룹 주가는 폭락했고(그리고 현재까지도 완전히 회복하지 못
했다), 회사는 수천 명의 직원을 해고했다. 내 친구는 직장을
잃었고, 동시에 모든 저축도 날렸다.

그가 더 나은 선택을 할 수 있었던 방법은 다음과 같았다.

금융 업종이 아닌 다른 업종의 주식을 포트폴리오에 포함시
키고, 국채를 추가해 자신의 전체적인 자산이 하나의 자산에
만 흔들리지 않게 하는 것이다.

1986년부터 2024년까지의 시티그룹 주가 추이

(출처: 블룸버그)

결국 한 가지 자산에 집중하는 것은 위험을 키우는 일이다. 포트폴리오를 설계할 때는 개인의 상황과 직업적 리스크까지 고려해야 한다.

올웨더 포트폴리오: 안정적인 투자 전략

레이 달리오가 가르쳐준 더 나은 투자 프레임워크는 '올웨더All Weather' 포트폴리오이다. 모든 투자자는 네 가지 시나리오에 직면한다. 경제 성장률이 예상보다 높거나 낮을 수 있으며, 인플레이션도 예상보다 높거나 낮을 수 있다. 이를 바탕으로 다양한 시장 상황에 대비할 수 있는 포트폴리오를 구성하는 것이 중요하다.

예를 들어, 자산을 다음과 같이 분배할 수 있다.

- 미국 주식: 25%
- 장기 인플레이션 연계 채권: 25%
- 장기(20년 이상) 명목 채권: 25%
- 해외 주식: 10%
- 원자재: 15%

이 비율은 기본적인 예시이며, 자산 비중과 구성을 조정할 수 있다(이는 투자 조언이 아니다. 투자는 항상 위험하고 때로는 고통스러울 수 있다. 스스로 연구하고 신중하게 결정해야 한다).

다양한 자산들이 어떻게 변하는지 이해하면 특정 환경에서 어떤 자산이 유리한지 파악할 수 있다. 예를 들어, 정부 채권은 경기 침체 시기에 좋은 자산이며, 주식은 경기 호황 시기에 강한 자산이다. 이 둘을 함께 보유하면(예: 50%씩) 어느 한쪽에만 투자하는 것보다 더 나은 포트폴리오가 된다.

하지만 전통적인 60/40 포트폴리오(60% 주식, 40% 채권)에는 문제가 있다. 주식과 채권의 변동성이 다르기 때문이다. 이를 보완하려면 다음과 같은 방법을 고려해야 한다.

- 채권은 5년과 같은 단기가 아닌 20년이나 30년의 장기 채권을 선택해야 한다. 그 이유는 장기 채권이 주식처럼 가격이 크게 움직이기 때문이다. 예를 들어 30년 만기 채권은 10년 만기 채권보다 가격 변동이 더 크고, 이러한 변동 폭이 주식의 변동 폭과 비슷하다. 이렇게 비슷한 위험 수준의 자산들을 조합해야 효과적인 분산투자가 가능하다.
- 현금을 활용해 변동성을 낮춰야 한다. 예를 들어, 포트폴리오에서 주식이 100%라면 변동성이 크다. 하지만 주식 50%에 현금 50%를 배분하면 변동성이 절반으로 줄어든다.

투자 전략을 위한 핵심 공식

포트폴리오를 더 고도화하고 싶다면, 국내 채권 대신 해외 채권을 포함시키는 방법이 있다. 해외 채권을 추가하면 더 다양한 선택지가 생기지만, 연구가 필요하고, 해당 채권을 취급하는 금융 기관이나 브로커를 통해 거래해야 하며, 환율 리스크까지 고려해야 한다.

또한, 포트폴리오의 10~20%를 별도로 운용하면서 직접 연구한 투자 전략을 적용해 볼 수도 있다. 이는 실전 경험을 쌓는 좋은 방법이다. 실제로 나는 매년 새로운 자산을 포트폴리오에 추가하며 배우고 있다. 물론 소규모 자금으로 말이다.

투자를 시작하면 누구나 미래에 대해 불안을 느낀다. 손실을 두려워하고, 때때로 나쁜 투자 결정을 내리기도 한다. 심지어 워런 버핏 같은 대가들도 그렇다. 이러한 개념을 바탕으로 투자 전략을 정리하면 다음과 같은 공식이 나온다.

$$총\ 투자\ 수익 =$$
$$안전\ 마진 + 자산\ 배분 + 능동적\ 투자\ 위험(선택\ 시)$$

이 공식과 올웨더 포트폴리오는 직접 투자 경험을 쌓으며 가장 가치 있다고 여긴 프레임워크이다. 처음 다우존스에서 401(k) 투자 계획을 접했을 때, 나는 명확한 이유도 없이 '장기 주식이 가장 좋다'라는 말을 믿지 않았다. 시간이 지나면서 나는 점차 한 가지 자산에 집중하는 것은 위험하다는 사실을 깨달았다. 주식 시장 지수, 특정 기업의 주식, 인플레이션 연계 채권 등 어떤 자산이든 단독으로는 신뢰할 수 없기 때문이다.

결국, 안전 마진과 다각화된 자산 배분이 필수적이다. 투자에서 가장 중요한 것은 '어떤 시장 환경에서도 포트폴리오가 견딜 수 있도록 설계하는 것'이다.

손실을 경험하는 것은 여전히 힘들다

비록 자산이 신뢰할 수 없다는 사실을 알고 있더라도, 실제로 손실을 경험하는 것은 여전히 고통스럽다. 나는 예민한 성격이라 재난의 조짐을 쉽게 감지하며, 새벽 2시에도 포트폴리오 전체 혹은 일부가 무너질까 걱정하며 잠을 설치곤 한다. 이런 불안감은 투자자라면 누구나 겪는 숙명일 것이다.

예를 들어, 2020년 코로나 팬데믹 초기에 나는 포트폴리오의 일부로 지방채에 투자한 적이 있다. 당시 정부 채권은 보유하지 않았지만, 지방채 중에서도 유망하다고 판단한 몇 가지 상품을 발견했다. 브리지워터에서 고위험 자산을 다뤄온 내게 상대적으로 안전해 보이는 이 수익 구조는 매력적이었다.

그러나 코로나 팬데믹은 모든 것을 뒤흔들었다. 연방정부와 달리 각 주 정부는 예산을 균형 있게 운영해야 한다. 경제활동이 정체되면서 세수는 급감했고, 주 정부가 채권 상환에 어려움을 겪을 가능성이 커졌다. 예를 들어, 전국적으로 이동이 제한된 상황에서 유료 도로의 통행료 수입을 떠올려 보라. 그 결과는 뻔했다.

초기에는 미치 매코널 상원의원이 의회가 주 정부를 지원하지 않을 것이라고 단호하게 선언했다. 나는 그 발언을 반복해서 읽으며, 세수가 급감하는 가운데 연방정부의 지원마저 끊긴다면 지방채 시장에 대규모 채무 불이행 사태가 벌어질 수도 있다고 생각했다. 매일 밤 침대에서 뒤척이며 그 시나리오를 머릿속에서 그려 보았다. 혹시 나도 돈이 바닥난 세르게이처럼 될 수 있을까? 정말로 지방채 시장의 붕괴 가능성이 있을까? 완전히 배제할 수 없는 일이었다.

결국, 나는 모든 채권을 매도하기로 결심했다. 지방채는 유동성이 낮아 중개인을 통해서만 거래할 수 있었고, 나는 상당한 가격 손실을 감수해야 했다. 그런데 몇 달 후, 정부가 주 정부 지원을 포함한 대규모 경기 부양책을 발표했다. 나의 불안은 결국 기우에 불과했다. 아무것도 하지 않았다면 더 나았을 것이다.

이것이 바로 시장 거래의 본질이다. 거짓 경보가 많지만, 몇 번의 진짜 경보도 온다. 그리고 이러한 현상은 나처럼 예민한 투자자들만의 문제가 아니다. 수십억 달러를 벌어들였지만 스트레스에 지쳐 투자를 중단한 조지 소로스와 같이 스트레스로 인해 건강상의 문제를 겪는 트레이더를 여러 번 보았다.

반면, 아무리 차분한 상태여도 포트폴리오가 1% 상승하면 금방이라도 날아오를 것 같이 기쁘다. 나는 잠결에 내 자산이 1% 증가하는 것을 확인하면 희망찬 기분이 들기도 한다. 상승하든 하락하든 차분함을 유지해야 하지만, 현실은 그렇지 않다.

내 투자 방식은 어떠한가?

나는 위에서 제시한 단순한 공식들에만 의존하지 않는다. 내가 보유한 모든 자산을 면밀히 검토하며, 만약 어떤 거래가 불안하다고 느껴진다면 그 자산은 보유하지 않는다. 예를 들어, 채권은 올웨더 포트폴리오의 한 구성 요소지만, 2019년부터 2021년까지 정부 채권 금리가 매우 낮았기 때문에 나는 거의 채권을 매입하지 않았다. 여러 이유가 있었지만, 결국 이러한 상황은 내가 앞서 제시한 포트폴리오 균형 조언을 뒤집는 결과를 가져왔다. 그러나 이 경우, 내 예민한 성격 덕분에

2022년과 2023년에 정부 채권 가격이 크게 하락했을 때 오히려 도움이 되었다.

내게 투자란 그림을 그리는 것과 같다. 내가 화가는 아니지만, 어떤 그림이 완성되면 좋을지 머릿속으로 고민하는 것처럼 내가 바라는 미래의 자산을 구체적으로 설계해 본다. 그리고 그 그림을 완성하기 위해 수없이 붓질하는 것처럼, 직감적으로 떠오르는 생각들을 논리적으로 검증하고 실행한다. 그 과정에서 때로는 위험한 '공매도short' 전략을 사용하기도 한다. 이는 내가 너무 비싸다고 판단되는 자산(예: 채권)을 매도한 후, 가격이 하락하면 다시 매입하여 차익을 얻는 방식이다. 놀랍게도 오로지 공매도로만 주식을 사고파는 사람들도 존재한다.

자신에게 맞는 투자 전략을 찾아내기 위해 다양한 투자 학파의 견해를 공부하는 것도 매우 유익하다. 이 부분은 다음 장에서 자세히 다룰 것이다.

조지 소로스는 조시 소로스만의 방식으로, 레이 달리오는 레이 달리오만의 방식으로, 워런 버핏은 또 다른 방식으로 투자한다. 각 투자자마다 자신만의 스타일이 있으며, 이는 그들의 성격에 맞게 설계되어 있다. 브릿지워터에서 일할 때 나는 레이처럼 거래하려 했다. 많이 배웠지만, 그곳을 떠난 이후로는 투자자로서 훨씬 더 성공적인 결과를 얻을 수 있었다.

어떤 투자 스타일을 추구하든 가장 어려운 것은 자신이 틀렸음을 인정하는 것이다. 성공적인 투자는 모든 시도에서 성공하는 것이 아니다. 때로는 손실이 발생할 것이고, 그럴 때 자신이 틀렸음을 인정하며 과감하게 손절해야 한다. 많은 투자자가 자신의 실패를 인정하는 것을 어려워하지만, 이는 반드시 받아들여야 할 사실이다.

단순 투자 공식을 고수하는 것이 아무것도 하지 않는 것보다는 낫지만, 시장 거래에 능숙한 사람들에게는 단순 공식보다 훨씬 더 효과적인 전략이 존재한다. 다만, 시장 거래는 막대한 고통과 불확실성을 동반한다. 나는 다수의 유능한 투자자들이 철저한 연구를 했음에도 손실을 본 것을 보았다. 우리가 마주하는 시스템은 너무 복잡하여 정확히 예측할 수 없다.

당신은 평생 이렇게 불확실하고 고통스러운 투자 환경 속에서 보내고 싶은가? 나는 그렇게 살았지만, 어쩌면 당신은 다르게 할 수 있을 것이다. 만약 그렇다면, '매수, 보유, 그리고 정기적인 리밸런싱' 전략을 따르라. 그렇게 한다면 내 아버지와 할아버지보다 한 걸음 앞설 수 있다.

그러나 적어도 주요 투자 학파의 견해를 알고 있는 것은 유익하다. 다음 장에서 그에 대해 자세히 설명할 것이다.

12

다양한 투자 철학

투자에 관한 접근 방식에는 여러 가지 학파가 존재한다.
본인의 성향에 맞는 투자 방식을 따르거나,
더 나아가 자신만의 투자 철학을 발전시키는 것이 좋다.

각기 다른 투자 방식

투자를 배우기로 결정했다면, 각기 다른 종교들이 존재하는 것과 같이 투자 방법에는 서로 크게 다른 접근 방식들이 있다는 걸 인식해야 한다. 현재 존재하는 투자 접근 방식은 다음과 같이 분류할 수 있다.

- 인덱스 투자자: 이들에는 60/40 포트폴리오를 추구하는 투자자들도 포함된다.
- 롱온리 가치투자자: 개별 주식을 저평가된 것으로 판단하여 매수하는 투자자.
- 롱온리 성장 투자자: 높은 성장 가능성을 보이는 주식을 매수하는 투자자.
- 매크로 투자자: 거시경제 상황을 분석하여 투자 결정을 내리는 투자자.

- 비유동성 자산 선호자: 유동성이 낮은 자산에 집중하는 투자자.

이제 각각의 접근 방식을 살펴보자.

인덱스 투자자

인덱스(지수) 투자자들은 개별 증권의 가치 평가가 시간 낭비라고 판단한다. 이는 충분히 합리적인 관점이다. 그래서 이들은 S&P 500과 같은 인덱스를 매수한다. 인덱스는 여러 종목을 모아둔 집합체. 예를 들어 S&P 500은 보험, 자동차 부품 등 다양한 산업의 시가총액이 약 150억 달러 이상인 기업 500곳들의 주식으로 이루어져 있으며, 거래가 활발해 유동성이 매우 높다.

인덱스에 투자하는 것은 저축을 전혀 하지 않는 것보다는 훨씬 낫다. 이를 슈퍼마켓에서 에너지 바를 사는 것에 비유할 수 있다. 에너지 바의 재료 목록이 길어 성분을 정확히 파악하기 어려운 것처럼, 인덱스 역시 구성 종목이 복잡하다. 미국의 주식 인덱스는 지난 40년간 좋은 성과를 보였지만, 중국, 독일, 일본 등 다른 국가들의 주식 시장은 오랜 기간 약세를 겪으며 인덱스가 하락하거나 횡보하기도 했다. 미국도 이러한 흐름에서 예외가 아니었으며, 일본과 유럽 역시 마찬가지다.

이는 인덱스를 구성하는 개별 주식들의 성과와도 밀접한 관련이 있다. 미국에는 우수한 기술주가 많아 인덱스 전체의 성과도 좋았지만, 인덱스 투자자들은 이 사실을 깊이 인식하지 못한 채 단순히 주식이 오르는 것이 당연하다고 생각하는 경향이 있다. 그러나 주식이 다른 자산처럼 시간이 지나면서 상승한다고 해도, 이 '시간'은 수십 년 단위로 측정되어야 하며, 장기간 횡보하는 것도 충분히 정상적인 현상이다. 실제로 미국 주식 시장은 1970년대에는 횡보했고, 1930년대 초에는 붕괴를 경험한 바 있다.

인덱스 투자자들 사이에서는 보통 60/40 포트폴리오로 투자하라고 권장한다. 60/40을 따른다면, 자신의 투자금 중 상당 부분이 주식에 투자된다는 점을 인지해야 한다. 인덱스 투자 방식을 가장 잘 옹호한 인물은 아마도 뱅가드 그룹의 설립자인 존 보글John Bogle일 것이다.

롱온리 가치투자자

가치투자자들은 인덱스를 따르지 않고, 개별 주식을 특정 기준에 따라 매수한다. 그 기준은 다양하지만, 기본 아이디어는 다음과 같다.

- 저평가된 주식 찾기: 기업의 미래 현금 흐름과 물리적 자산의 '내재 가치'보다 낮은 가격에 거래되는 주식을 찾는다. 이를 위해 주가수익비율, 잉여현금흐름 수익률, 장부가치 등 여러 지표를 활용한다.

- 복리 효과가 가능한 기업: 자본이 투자되면 빠르게 성장하고, 충분한 현금을 창출하여 주주에게 배당이나 자사주 매입을 통해 이익을 돌려주는 기업을 찾는다.
- 해자moat: 경쟁이 심하지 않고, 쉽게 모방할 수 없는 독자적인 경쟁 우위를 가진 기업을 선택한다.
- 규모의 경제: 비용 증가 없이 이익이 증가할 수 있는, 예를 들어 TV 프로그램, 소프트웨어, 유료 도로 등과 같이 규모의 경제를 가진 기업을 선호한다. 항공기나 굴착 회사처럼 매출이 늘면 비용도 증가하는 경우처럼 말이다.
- 우수한 경영진: 훌륭한 CEO와 경영진이 자사 주식을 보유하며, 올바른 자본 배분 결정을 내리는 기업이어야 한다.
- 건전한 재무구조: 부채가 적고 자본 구조가 탄탄한 기업이어야 한다.
- 안전 마진: 주식을 내재 가치보다 낮은 가격에 매수하는 경우, 안전 마진이 확보되어 더 매력적으로 보인다.

이 조건들을 실제로 실행하기는 쉽지 않다. 가장 유명한 가치투자자로는 워런 버핏이 있다.

현실적으로 시장에는 수천 개의 종목이 존재하며, 기업을 제대로 이해하는 것은 결코 쉬운 일이 아니다. 많은 평가 기준이 겉보기보다 정밀함이 떨어지고, '내재 가치'를 정확히 계산하는 것도 어려운 문제다. 예를 들어, 반도체 제조사처럼 기술

중심적인 기업의 가치를 평가하려면 고도의 전문 지식이 필요하다. 어떤 시대에는 인터넷 기술이 핵심이지만, 또 다른 시대에는 내연기관이 중요한 역할을 했다. 뿐만 아니라, 언제 주식을 사야 하는지뿐만 아니라 언제 팔아야 하는지도 알아야 한다. 이는 더욱 어려운 문제다.

가치투자의 접근 방식은 매우 다양하며, 일부 투자자들은 시간이 지나면서 전략을 변화시키기도 한다. 예를 들어, 어떤 가치투자자들은 기업의 경쟁 우위를 중요하게 생각하는 반면, 다른 투자자들은 특정한 이유로 왜곡된 주가에 더욱 주목한다. 워런 버핏 역시 처음에는 단순히 저평가된 주식을 매수하는 전략을 사용했지만, 점차 경쟁 우위를 갖춘 기업에 집중하는 방향으로 투자 철학을 발전시켰다.

가치투자에는 구조적인 한계가 있다는 점도 인식해야 한다. 주가가 하락하면 그 주식의 매력도가 높아진다는 원리는, 경제가 정상적으로 유지되는 한 타당하다. 보통 주가의 급락은 경제 성장 둔화를 반영하며, 당국은 이에 대응해 통화 완화 정책을 펼친다. 하지만 만약 정부가 개입하지 않거나 개입할 수 없는 상황이라면, 평가 지표가 왜곡되어 잘못된 시점에 과도하게 주식을 매수할 위험이 있다.

이런 경우는 드물지만, 대공황 당시 금본위제를 유지하기 위해 통화 완화 정책을 시행하지 않았던 사례나, 극심한 정치적 혼란이 발생했던 시기를 떠올릴 수 있다. 실제로 2008년 금융위기 때는 많은 가치투자자가 큰 손실을 입었다.

이런 점에서 주식을 보유하는 것은 정부 채권을 보유하는 것과는 정반대의 성격을 띤다. 만약 정부 채권을 매수했는데 통화 긴축 정책 등으로 인해 경제 성장률이 급격히 둔화된다면, 정부 채권 가치는 오히려 상승할 가능성이 크다.

성장 투자자

성장 투자자들은 값싼 주식이나 일정 수준의 안전 마진(오차 범위)이 있는 주식을 찾는 것이 아니라, 빠르게 수익을 성장시킬 수 있는 주식을 선호한다. 폭발적 수익 성장의 잠재력을 가진 주식은, 타이밍이 맞으면 투자자에게 엄청난 이익을 가져다줄 수 있다. 예를 들어, 애플처럼 상장 초기에 극소수의 사람만이 눈여겨본 주식을 지금까지 보유하고 있다면 그 수익률은 약 110,000%에 달한다.

물론 한때 애플처럼 보였지만 현재는 존재하지 않는 기업들도 많다. 유명한 성장 투자자들은 많이 있으며, 워런 버핏처럼 한 가지 스타일만 고수하는 투자자가 있는 반면 줄리언 로버트슨Julian Robertson과 같이 여러 접근 방식은 혼합하는 투자자도 있다.

매크로 투자자

매크로 투자자들은 가치투자자들의 '바텀업' 접근 방식과 달리, 경제를 거시적으로 바라본다. 가장 유명한 매크로 투자자로는 조지 소로스와 나의 전 상사인 레이가 있다. 이들은 전 세계 중앙은행들이 돈을 창출하는 방식에 집중한다. 매크로 투자는 세상을 큰 그림으로 바라보게 한다.

예를 들어, 중국의 호황이나 불황은 브라질에서 생산되는 원자재 가격에 영향을 미치며, 이는 다시 미국의 인플레이션과 연결된다. 따라서 주식과 채권뿐만 아니라 외환 및 원자재까지 모두 이해해야 하며, 이 모든 요소가 어떻게 얽혀 있는지를 파악해야 한다.

이는 10개의 우수한 주식을 매수하는 것보다 훨씬 더 복잡한 투자 방식이지만, 그 복잡성을 숙달하면 주식 시장에만 의존하지 않고 다양한 환경에 대응할 수 있어 그 신뢰성이 높다. 예를 들어, 경기가 불황이라 주식이 부진할 때에도 해지할 수 있다.

시스템 기반 투자자 vs. 직관적 투자자

가치 투자, 성장 투자, 매크로 투자에는 모두 두 가지 유형의 투자자가 존재한다.

첫 번째는 시스템 기반 투자자다. 이들은 투자 전략을 일련의 규칙으로 정립하고, 데이터를 기반으로 의사 결정을 내린다. 방대한 데이터를 분석하며 규칙에 따라 행동하지만, 시장 환경이 끊임없이 변하는 만큼 이 규칙도 지속적으로 조정해야 한다. 따라서 시스템 기반 투자자들은 데이터를 정교하게 검토하고 보정하는 데 많은 시간을 들인다.

이 과정에는 여러 가지 고민이 따른다. 데이터를 얼마나 과거까지 확보할 수 있는가? 데이터를 일관되게 유지하기 위해 어떤 보정이 필요한가? 휴대폰 데이터 같은 새로운 데이터 소스를 어떻게 활용해야 하는가? 그러나 데이터 분석에만 몰두하다 보면 전체적인 흐름을 놓치기 쉽다는 단점이 있다.

시스템 기반 투자자 중에는 전통적인 기업 가치 분석을 배제하고 자산 가격의 패턴만을 중시하는 퀀트quantitative 투자자도 있다. 이들은 대규모 데이터를 활용한 알고리즘을 통해 시장의 미세한 가격 차이를 이용해 수익을 창출한다. 대표적인 예로, 세계에서 가장 성공적인 헤지펀드 중 하나인 르네상스Renaissance가 있다. 이들의 수익을 만들어주는 알고리즘은 철저히 비밀에 부쳐져 있지만, 전략이 특정 규모 이상으로 확장되기 어렵다는 점을 고려하면 본질적으로 시장에 크게 영향을 미치지 않는다.

예를 들어, 보통 몇 퍼센트 차이로 거래되는 두 주식의 가격 격차가 벌어지면, 그 차이가 다시 좁혀질 것을 예상하고 한 종목은 매수하고 다른 종목은 매도하는 방식이다. 이 전략은 대규모 표본 데이터와 막대한 컴퓨팅 파워를 필요로 한다. 다만, 이 전략이 손실을 보기 시작한다면, 복잡한 알고리즘이 얽혀 있는 만큼 그 원인을 명확히 파악할 수 있을지 의문이 남는다.

두 번째 유형은 직관적 투자자다. 이들은 고정된 규칙보다는 자신의 경험과 직관을 바탕으로 투자 결정을 내린다. 세상이 끊임없이 변화한다고 보고, 일정 기간 동안 특정 투자 논리를 유지하다가 그 논리가 더 이상 유효하지 않다고 판단되면 방향을 전환한다.

예를 들어, "인터넷이 모든 것을 바꿀 것이다"라는 논리를 기반으로 투자했다고 가정해 보자. 실제로 인터넷은 큰 변화를 가져왔지만, 그 과정에서 두 차례의 주식 시장 버블이 발생했다. 정말 능숙한 투자자라면 단순히 가격이 오르는 것에 투자하는 것뿐만 아니라 시장이 과열되어 가격이 하락하는 것에도 투자할 수 있을 것이다.

이러한 직관적 접근 방식의 단점은 감정이 개입되기 쉽고, 머릿속에서 수많은 정보를 처리해야 한다는 점이다. 최고의 투자자들도 감정에서 완전히 자유로울 수는 없다. 그러나 감정이 때로는 뛰어난 직관과 투자 본능으로 이어지기도 한다. 반면, 직관적 투자의 강점은 유연성이다. 예를 들어, 1918년의 스페인 독감 팬데믹 데이터를 엄격하게 따르는 대신, 현재의 팬데믹 상황에 맞춰 보다 유연하게 대응할 수 있게 한다.

금융 시장의 역사와 중요성

투자 철학에는 여러 가지 변형이 존재하지만, 대부분은 앞서 설명한 큰 틀 안에 포함된다. 예를 들어, 부실 채권 투자자는 가치투자자와 유사하지만, 전자는 채권에 집중하고 후자는 주식에 중점적으로 투자한다. 부실 채권 투자자는 일반적으로 유동성이 낮은 투자자 유형에 속하는데, 즉 쉽게 매각할 수 없는 증권을 매입하는 사람들이다. 사모펀드도 마찬가지다. 하지만 본질적으로 부실 채권 투자와 사모펀드는 모두 유동성이 낮은 채권과 주식 투자일 뿐이다.

어떤 투자 방식을 선택하든, 시장의 역사를 익히는 것은 필수적이다. 현대적인 금융 시장의 역사는 그리 길지 않다. 오늘날과 유사한 형태의 금융 시장은 1800년대 초반에 이르러서야 등장했다. 그 이전에는 금융 기준의 부 자체가 많지 않았으며, 대부분의 재산은 토지에 기반을 두고 있었다.

이후 산업화가 진행되면서, 공장이나 전력망과 같은 대규모 시설을 건설하기 위해 막대한 자금의 조달이 필요해졌다. 이는 현대 금융 시스템이 탄생하는 계기가 되었다.

흥미롭게도, 16세기에는 왕의 삶조차 오늘날 중산층의 삶보다 불편했다. 전기, 내연기관, 항생제, 깨끗한 식수, 손 씻기의 위생적 효과에 대한 지식 등이 없었기 때문이다. 물론, 밀과 같은 농산물 거래는 수천 년 동안 이어져 왔지만, 우리가 아는 정교한 금융 시장은 최근에야 출현했다.

모든 자산은 시장 사이클의 영향을 받는다

금융 시장의 역사를 보면, 자본의 수요는 확장과 수축의 반복 주기를 따라 왔다. 그리고 몇십 년마다 금융위기가 발생하며 기존 질서를 흔들어 놓는다.

따라서 자신이 거래하는 시장의 역사를 아는 것은 매우 중요하다. 이는 단순한 지식이 아니라, 시장 흐름을 이해하는 데 필요한 통찰력을 제공한다.

기업 붕괴의 역사 또한 살펴볼 필요가 있다. 예를 들어, 엔론Enron 사태와 같은 대표적인 사례를 아는 것은 도움이 된다. 하지만 기업은 끊임없이 등장하고 사라지는 존재이므로, 특정 사례뿐만 아니라 기업의 흥망성쇠 사이클에 대한 이해가 투자에서 중요한 요소임을 인식해야 한다.

나는 모든 금융자산이 시장 사이클의 지배를 받는다고 생각한다. 경제에는 호황과 불황을 반복하는 경기 사이클이 존재한다. 이는 신용의 팽창과 축소에 의해 주로 발생한다. 또한, 반도체, 은행, 방위산업 등 개별 산업마다 고유한 사이클이 있다.

다음은 이러한 개념을 시각적으로 정리한 도식이다.

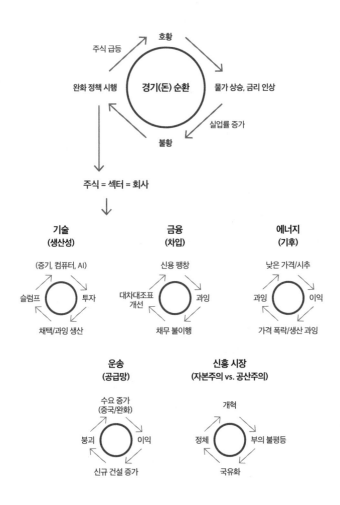

투자 결정 과정

앞의 내용을 바탕으로 내가 투자 결정을 내리는 과정은 다음과 같다.

1. 현금이 매력적인지 평가한다.
현금 보유의 매력과 그 역할을 고려한다.

2. 각 자산군에 대해 대략적인 배분 비율을 설정한다.
예를 들어, 전체 투자금의 30%는 A 자산, 30%는 B 자산으로 배분한다. 나의 이해도가 높아짐에 따라 자산 배분 비중도 계속 변화해 왔다. 브리지워터에 오기 전에는 물가연동채에 대해 전혀 몰랐고, 비유동성 자산에 처음 투자한 것은 불과 몇 년전이다. 투자에서 가장 매력적인 점 중 하나는, 평생의 공부를 통해 이해가 점차 깊어진다는 것이다.

3. 새로운 투자 기회를 분류한다.
이 기회가 주식, 채권, 원자재, 통화 등 어느 자산군에 속하는지를 파악하는 것이다. 내가 머릿속에 그린 시장 사이클과 비교하여, 해당 기회의 위험과 보상을 평가한다. 즉, 그 자산이 얼마나 상승할 수 있고, 얼마나 하락할 수 있을지를 극단적인 상황까지 고려해 분석한다. 나는 보통 중요한 정보를 스프레드시트에 기록해 내 모든 자산을 비교한다.

시장은 일정한 균형점을 중심으로 움직이며, 특정 지표가 과도하게 변하면 자연스럽게 조정이 발생한다. 예를 들어, 실질 금리가 일정 수준 이상으로 오르면 경제가 위축되기 시작하고, 결국 실질 수익률은 다시 하락하게 된다. 따라서 실질 수익률과 경제 성장률 사이에는 일반적으로 관찰되는 상관관계가 존재한다.

미국의 경우, 잠재 경제 성장률이 약 1.5% 수준이다. 따라서 실질 수익률이 2%를 넘어가면 주목할 필요가 있다. 물론, 2% 실질 수익률의 채권을 매입한다면, 금리가 3% 이상으로 오를 가능성도 염두에 두어야 하며, 그럴 경우 초기 매수분에서 큰 손실이 발생할 수 있다.

이처럼 시장에는 일반적으로 관찰되는 상관관계가 많다. 예를 들어, 특정 주식 섹터는 시기별로 선호도가 바뀌며, 그 결과 이전 평균 가격의 일부 수준까지 하락하거나, 반대로 장기간 과대평가되거나 과소평가되는 경우가 발생하기도 한다.

4. 투자 결정이 일관되는지 확인한다.

나는 내 팀과 함께 구축한 전 세계 경제 상황에 대한 체계적 지표와 비교하고, 이를 통해 전체 투자 전략이 글로벌 경제와 조화를 이루는지를 검토한다.

5. 직감을 따른다.

직감에 귀를 기울인다. 이 거래가 안전해 보이는가, 아니면 불안하게 만드는가? 약간의 불안감은 괜찮다. 때때로 불안감이 드는 것은 남들과 다른 길을 가고 있다는 의미이기도 하며 오히려 좋을 수도 있다.

6. 거래에 대한 논리를 글로 정리한다.

때로는 이를 다른 사람들과 공유하여 피드백을 받는다.

7. 포트폴리오 구성이 어떻게 맞물리는지 생각한다.

예를 들어, 만약 내가 인플레이션율 하락에 편중된 위험에 노출되어 있다면, 그 비중을 조정해야 한다.

거래의 사후 관리

거래를 성사한 후에는 계속 지켜보라. 해당 자산의 가격이 오르내리는 이유를 이해할 수 있는가? 예를 들어, 내가 채권에 롱 포지션을 취한 상태에서 인플레이션 관련 보고서가 예상보다 강하게 나오면, 당연히 손실을 보게 될 것이다. 실제로 그런 현상이 발생하는지 지켜봐야 한다.

때로는 포트폴리오에서 어딘가 잘못된 느낌이 들 때가 있다. 내 머릿속의 주된 생각과 맞지 않을 때 말이다. 예를 들어, 내가 주식 시장에 대해 강세 전망을 갖고 있는데, 금융 뉴스에 등장하는 모든 이들이 약세를 이야기한다면, 오히려 나는 안심할 수 있다. 반면, 내 생각과 동일한 의견을 내는 사람들이 많다면, 그것은 더 이상 내가 앞서 있지 않다는 신호이며, 그때는 다시 첫 단계로 돌아가야 한다. 기억하라. 시장 가격은 이미 알려진 모든 정보를 반영한다.

레이가 새로운 포트폴리오를 출시했던 초기 시절에 대해 이야기한 것이 기억난다. 그때 레이는 충분히 테스트하고 열심히 공부했지만, 실제 시장에서는 포트폴리오가 설계대로 작동할지에 대해 늘 의문을 품었다고 했다. 그 불안감을 이해한다.

투자에 대한 나의 철학

내게 훌륭한 투자는 엄격한 분석과 직관이 묘하게 섞인 과정이다. 그러나 이 둘의 균형을 완벽하게 맞추는 것은 거의 불가능하다. 옳은 투자 결정을 내렸다는 걸 알게 되면, 더 많이 투자했어야 했다고 아쉬움이 남기도 한다. 그리고 결정이 틀렸다는 걸 알게 되면, 분명 충분히 고심하지 못한 것이라고 느낀다.

뛰어난 투자자들도 통계적으로 약 40%의 잘못된 투자 결정을 내린다. 만약 당신이 훌륭한 투자자가 아니라면, 그 비율은 더욱 높아질 것이다.

포트폴리오의 등락에 대해 감정을 배제하는 것이 가장 좋다. 때로는 감정적 거리를 유지하는 것이 필요한데, 이는 냉정한 무관심으로 이어지기도 한다. 물론, 내 아내는 내가 너무 차갑게 거리를 두는 것을 원치 않지만, 돈을 관리하는 데 있어서는 이런 태도가 도움이 된다.

나는 거의 20년간 투자하며 결과를 추적해 왔고, 부정적인 성과를 낸 해는 많지 않았다. 2008년 글로벌 금융위기 당시 미국 경제를 구하기 위해 다양한 구제 금융 정책이 시행되는 등 여러 어려움이 있었지만, 내 계산에 따르면 그해 약 6%의 손실을 봤다(물론 이 수치는 감사를 거친 것은 아니다). 돈을 잃는 다는 것은 현실과 동떨어졌다는 신호일 수 있다.

이런 개념은 마치 내 몸의 신호를 듣는 것과 비슷하다. 몸이 정상 궤도에서 벗어나면 이를 감지해야 한다. 예를 들어, 나는 50대가 넘어서도 술을 마셨지만, 반복적인 두통으로 전해지는 내 몸의 신호를 듣고 거의 끊었다. 그러자 모든 것이 훨씬 나아졌다. 잘못된 투자나 부실한 포트폴리오는 마치 숙취와 같이 해결해야 할 고통스러운 문제이다.

돈과 관련된 고통에는 특유의 두려움이 따른다. 1만 달러의 손실이 8만 달러로 커질 수도 있고, 그 손실이 멈추지 않을 수도 있다. 보통 이런 두려움은 시장이 극도로 불안정할 때 나타나며, 이런 손실은 대부분 무시해야 한다. 하지만 진짜 위기일 경우에는 무시해서는 안 된다. 이것이 바로 투자에서 가장 복잡한 부분이다.

대체로 시장은 강하게 유지된다. 나는 시장 회복에 계속해서 베팅했고, 성공했다. 물론 주식 시장은 때때로 급락하지만, 이후 중앙은행의 정책 변화와 현금을 보유한 투자자들의 매수세가 유입되면서 결국 시장은 안정된다.

한 친구가 서부 해안으로 비행기를 타고 가던 중, 갑자기 비행기가 수천 피트 하락했다. 하지만 이상 기류가 사라지자 비행기 날개가 다시 공기를 잡으며 고도를 회복했다. 이것은 공황 상태에서도 거래가 이루어지는 것과 같다. 투자에서 폭락은 불안하지만, 시장이 회복할 것이라는 믿음이 있다면 결국 다시 균형을 찾을 수 있다.

시장 패닉과 투자자의 대응 전략

미국에서 발생한 대부분의 시장 패닉은 일시적인 현상이었다. 가치 하락을 기회로 삼거나, 더 나아가 여유 자금이 있다면 포트폴리오의 리스크를 확대하는 것이 옳은 선택이었다. 즉, 1987년, 2001년, 2008년의 주식 시장 폭락은 결과적으로 기회였다.

반면, 20세기 초 러시아에서의 상황은 정반대였다. 올바른 선택은 모든 자산을 팔고 떠나는 것이었다. 그리고 이는 특이한 사례가 아니다. 그래서 투자자들은 이런 상황에서 자신을 이끌어 줄 신념과 투자 원칙을 갖고 있어야 한다.

정부는 필요하다면 시장 패닉을 막을 수 있다. 문제는 정부가 개입하기 전에 상황이 얼마나 악화될 것이냐는 점이다. 하지만 그렇다고 해서 자산 가치가 급락할 때 무조건 가만히 있어도 된다는 뜻은 아니다. 정부가 개입하지 않을 수도 있기 때문이다.

또한, 시장은 대개 극단으로 치닫지는 않는다. 대부분 그 직전까지 가고, 그 순간이 매수 기회일 가능성이 크다. 하지만 그 '극단'이 2% 실질 수익률을 의미하는지, 10년물 국채 실질 수익률 5%를 의미하는지는 쉽게 예측하기 어렵다.

시장 패닉 속에서 자산 가치를 평가하는 방법

시장 패닉 상황에서는 자산에 따라 가치 평가의 난이도가 다르다. 예를 들어, 물리적 자산을 보유한 기업은 주식 가치가 그 자산과 어느 정도 연관성을 가진다. 선박을 보유한 해운업체라면, 선박의 고철 가격을 기준으로 최소한의 평가가 가능하다. 이는 해당 기업의 최저 가치에 대한 합리적 판단이다.

하지만 현금 흐름이 좋은 기업 중에는 이런 유형의 자산을 보유하지 않은 곳도 많다. 특히 미국에서 가장 수익성이 높은 기업들은 대부분 유형 자산이 부족하다. 따라서 시장 패닉이 발생하면 이들 기업의 가치를 판단하기가 더욱 어려워진다.

나는 보통 시장의 변동성이 급격히 증가하거나 지정학적 위험성이 높아질 때 리스크를 줄이는 편이다. 예를 들어, 우크라이나 국경에 병력이 집결될 당시 나는 러시아 국채와 주식을 보유했다. 사람들이 푸틴에 대한 불안감으로 러시아 자산을 외국 자산 대비 낮은 가격에 거래했기 때문이다. 특히 내가 보유했던 러시아 최대 은행인 스베르방크Sberbank의 주식은 미국의 JP모건에 비해 매우 낮은 가격에 거래되었으며, 훨씬 높은 배당금을 지급했다.

하지만 위험 신호가 점점 더 뚜렷해지면서 나는 러시아 자산을 전량 매도하기로 결정했다. 마지막 채권을 판 것이 2022년 1월이었다. 푸틴이 3월에 우크라이나를 침공한 후 러시아에서 자금을 인출하는 것이 불가능해졌다. 내 자산 가치는 사실상 휴지조각이 되었을 것이다.

일반적으로 너무 조급하게 매도하는 것은 바람직하지 않다. 하지만 러시아 사례에서는 조기 매도가 현명한 결정이었다.

포트폴리오 관리 원칙

부를 축적하는 것은 쉽지 않다. 나 역시 그랬다. 그리고 어느 정도 자산이 쌓인 후에는 보수적으로 관리했다. 다음은 나의 투자 원칙에 대한 요약이다.

- 자산을 다양하게 분산할 것: 채권, 주식, 부동산, 비유동성 자산 등 다양한 투자처에 분산하여 어느 한 자산군이 지배적이지 않도록 한다.
- 자산의 '내재 가치' 평가: 실질 수익률, 임대 수익률, 기업 이익률 등 다양한 지표를 참고하여 자산의 현재 위치를 파악한다.
- 최악의 상황을 가정할 것: 시장이 얼마나 나빠질 수 있는지를 예측하고, 내가 상상하는 것보다 더 나빠질 수도 있다고 가정

한다. 예를 들어, 내 자산의 32%가 주식에 투자되어 있다면, 시장이 10~20% 하락할 경우 3.2~6.4%의 손실을 감수해야 한다. 이는 고통스럽지만 감당할 수 있는 수준이다.

- 정부 개입 가능성 구분: 금융위기처럼 정부가 개입할 가능성이 높은 패닉과 전쟁처럼 개입이 어려운 위기를 구별한다. 또한, 국지전과 대규모 전쟁의 차이를 인식해야 한다.
- 충분한 현금 보유: 생존을 위해 충분한 현금을 확보해야 한다.

투자 현황 관리

나는 항상 내 포트폴리오를 정리하고 변화가 있을 때마다 업데이트한다.

케이트 캐피탈 (포트폴리오 예시)

	포트폴리오 비중(%)	목표 자산 배분	목표 대비 차이
주식	33%	30%	+3%
신흥 시장	2%		
주식형 펀드	4%		
인덱스 투자	1%		
개별 주식	22%		
은행	4%		
우선주	4%		
채권	16%	25%	-9%
연방기금	-10%		

미국 국채 10년물			
일본 국채			
호주 물가연동채	3%		
브라질 국채	3%		
미국 물가연동채	10%		
미국 지방채	10%		
인프라 및 원자재	6%	10%	-4%
파이프라인	6%		
헤지펀드	5%	5%	1%
글로벌 자산 배분 펀드	4%	10%	-6%
비유동성 자산(부동산 포함)	16%	20%	-4%

투자 배치 현황	
총 투자 비중(롱+숏)	99%
순 노출 비율	89%
선물 대비 현금 비율	10%

이 표에서 중요한 것은 특정 자산의 비중보다 투자 자산을 체계적으로 분류하고 추적하는 것이다.

결국 중요한 것은 투자자의 태도

이 모든 전략을 따른다 해도 불확실성은 항상 존재한다. 러시아 속담에 이런 말이 있다. "확실한 보장은 영안실에서나 받을 수 있다."

어떤 해의 분기나 월간 손익을 보면, 이렇게 철저히 계획해도 손실이 날 때가 있다. 그럴 때는 다시 기본으로 돌아가야 한다. 나는 이런 시기에 마음을 다잡고 명상을 하고, 산책을 하며, 불필요한 행동을 줄인다. 그러다 보면 결국 명확한 아이디어가 떠오르고, 그에 따라 전략을 수정한다. 대체로 좋은 결정은 이러한 과정에서 나온다.

결국 충분한 저축을 하면 어느 순간부터는 노동이 아니라 자산이 생활을 책임지게 된다.

그 시점은 언제일까? 다음 장에 그 이야기가 나올 것이다.

13

일을 멈출 때

돈을 더 이상 벌지 않아도 되는 순간은
저축한 금액을 남은 기대수명으로 나눈 값이
연간 지출보다 많을 때이다.

'돈이 충분하다'의 기준은 무엇인가?

　돈에 대한 불안은 사라지지 않는다. 돈이 부족하면 삶이 제약되고, 그로 인한 불안감이 따라온다. 마찬가지로, 어떤 물건을 너무 비싸게 샀거나 불필요한 지출을 했다는 사실을 깨달았을 때도 기분이 좋지 않다. 하지만 돈이 너무 많다고 해서 반드시 좋은 것도 아니다.

　누구나 경제적 한계가 없는 삶을 꿈꾸지만, 그 한계 자체가 인간을 인간답게 만든다. 모든 인간은 잠을 자야 하고, 다른 사람들과 관계를 맺으며, 때로는 폭설과 같은 자연재해를 함께 겪는다. 마찬가지로, 돈의 제약 또한 누구나 겪는 현실적인 문제이며, 이 공통된 경험이 우리를 연결하고 서로를 이해하는 계기가 된다.

　극소수의 부유층과 일반인을 구분 짓는 것 중 하나는 전용기를 타는지의 여부다. 나는 남의 돈으로 몇 차례 전용기를 탄

적이 있다. 공항의 번잡함과 보안 검색에서 해방되는 경험은 확실히 편리했다. 하지만 동시에, 그것은 사회와의 단절이기도 했다.

사실, 우리가 원하는 '과도한 부'는 '건강에 좋지 않은 초콜릿 케이크를 아침 식사로 먹고 싶은 욕망'과 크게 다르지 않다.

물론, 지나치게 많은 돈을 가진 사람은 소수이다. 하지만 대부분은 그런 삶을 꿈꾼다. 나는 사람들이 자기 형편보다 과한 집에 들어서는 순간들을 유심히 지켜보았다. 그들의 얼굴에는 불편함과 불안이 뒤섞인 미묘한 감정이 스쳤다. 돈이 인간관계를 갈라놓는 순간이다.

부족함과 과잉 사이에서 중요한 질문은 '얼마면 충분한가?'이다.

이 질문에 대한 수학적 답이 존재하지만, 그 전에 3장의 수입에 관해 다뤘던 개념을 다시 떠올릴 필요가 있다. 바로 '필요한 돈'의 정의다. 나는 점점 부유해지면서 '필요'에 대한 기준이 변하는 것을 경험했다. 처음에는 외식조차 부담스러웠지만, 경제적 여유가 생기자 아내와 함께 식당에 가는 것이 자연스러워졌다. 그러나 진정한 변화는 다른 사람이 무엇을 필요로 하는지 더 선명하게 보이기 시작했다는 점이다.

앞서 '무위험 포지션'과 '타인을 돕기 위한 자금' 개념을 언급한 적이 있다. 처음에는 우리 가족의 생존에 집중하느라 솔

직히 타인의 어려움을 외면했다. 하지만 생존의 문제가 해결되자, 주변을 돌아볼 여유가 생겼다. 아내의 가족과 친구들이 있는 러시아와 우크라이나에서는 생명을 위협하는 경제적 문제로 뇌종양 수술조차 받지 못하는 경우가 있었다. 주변에는 정신 건강 문제로 어려움을 겪는 사람들도 많았다. 그리고 말라리아 퇴치나 해양 환경 보호처럼 글로벌 차원의 시급한 문제들도 존재한다.

돈을 벌 능력이 있는 사람이라면, 어느 정도의 책임이 따른다. 가족과 가까운 사람 중에는 스스로 경제적 문제를 해결할 수 없는 경우가 많다. 돈을 벌어 그들의 삶을 바꿀 수 있는 능력이 있다면, 그것은 일종의 의무이기도 하다.

이 점을 고려하면 '얼마면 충분한가?'라는 질문의 답은 예상보다 클 수도 있다. 예를 들어, 빌 게이츠는 자신을 '말도 안되게 부유한 사람'이라기보다 '도움을 줄 수 있는 위치에 있는 사람'으로 여길지도 모른다.

과도한 욕망의 덫

그러나 '타인을 돕겠다'는 명목으로 돈을 과도하게 추구하는 것은 위험하다. 나는 끝없이 부를 쌓으려는 집착에 사로잡힌 사람들을 여럿 보았다. 어떤 이들은 더 많은 부를 축적하는 것이 타인을 돕기 위한 것이라고 정당화한다. 또 어떤 이들은 극심한 결핍을 경험한 사람처럼 미래의 불확실성에 대한 두려움 때문에 돈을 모은다.

월스트리트에는 극단적으로 비관적이거나 불안이 심한 사람들이 많다. 이들은 미래의 재난을 대비하기 위해 끝없이 저축한다. 하지만 인간이 가진 가장 희소한 자원은 돈이 아니라 '시간'이다. 돈을 벌기 위해서는 엄청난 시간과 에너지가 소모된다. 결국 우리는 늘 스스로에게 묻게 된다. '나에게 남은 시간이 얼마나 될까?'

"돈 걱정하지 마라." 이는 분명 잘못된 조언이다. 돈을 걱정하되, 현명하게 걱정하는 법을 배워야 한다.

돈이 충분하다는 것의 수학적 정의

'얼마면 충분한가?'라는 질문에 대한 수학적 답변은 관점을 정리하는 데 도움이 된다.

그 공식은 다음과 같다.

(연간 지출 × 남은 기대수명) ÷ 저축액 ÷ 국채의 실질 금리

이를 다시 정리하면 다음과 같은 공식이 나온다.

필요한 금액 =
(연간 지출 × 남은 기대수명) + 오차 범위 + 세금

좀 더 정교한 계산을 원한다면, 앞서 언급한 물가연동채 같은 안정적인 수익을 제공하는 자산의 수익률을 반영해 필요 저축액을 줄일 수도 있다. 그러면 공식은 다음과 같이 변형된다.

$$필요한 금액 =$$
$$연간 지출 \times (1 - (1 / (1 + 실질 금리)^{20}) / 실질 금리)$$

자신의 기대수명을 알고 싶다면, '기대수명 계산기'를 이용하면 된다. 예를 들어, 은퇴한 부부가 연간 2만 8,000달러(약 4,000만 원)를 지출하고 앞으로 20년을 더 살 것이라면 최소한 55만 7,500달러(약 8억 원)가 필요하다. 결코 적은 돈이 아니다.

돈이 충분해도 계속 일하는 이유

이런 필요 자금을 보장하기 위한 방법 중 하나가 연금 상품이다. 이런 상품들에는 장단점이 있다는 점을 알아야 한다. 연금은 여러 가입자의 자금을 모아 운영하는 방식이다. 예를 들어, 같은 해에 태어난 사람들은 평균적으로 같은 기대수명을 가지지만, 실제로는 일부는 더 오래 살고 일부는 더 짧게 산다. 이를 활용해 위험을 분산하는 것이 연금의 기본 구조다. 즉, 일찍 사망한 가입자의 자금이 상대적으로 오래 사는 사람들에게 돌아가게 된다. 덕분에 오래 살수록 더 많이 받게 된다.

하지만 여기에는 한 가지 문제가 있다. 연금을 제공하는 회사의 신용 리스크다. 연금 상품을 판매하는 보험사가 오랜 기간 안정적으로 운영된다는 보장이 없기 때문이다. 어떤 기업이든 도태될 가능성이 있고, 보험사도 예외가 아니다. 만약 보험사가 파산한다면 내 연금은 어떻게 될까? 결국 정부의 구제금융에 의존해야 할 수도 있다. 그런 상황을 겪으며 받게 될 스트레스는 오히려 수명을 단축할지도 모른다.

따라서 보험사의 신용등급을 반드시 확인하는 것이 중요하다. 보험사라고 해도 리스크 관리를 잘한다고 단정할 수는 없다. 물론 신용 평가 기관도 때때로 등급 평가를 잘못 내리는 경우가 있다는 점을 감안해야 한다. 이처럼 수학적으로 계산된 금액이 충분하다고 해도, 우리는 본능적으로 더 많은 돈을 원한다. 꼭 탐욕 때문이 아니라, 생존 본능이 작용하기 때문이다.

자금 흐름이 지속적으로 유지되는 것은 생존 본능과 연결된 문제다. 적어도 나에게는 그렇다. 그래서 이론적으로는 충분한 돈이 있더라도, 본능적으로 더 모으고 싶어진다. 다윈은 본능에 의해 생명이 움직인다고 말했다.

이런 이유로 많은 기업가가 90대까지도 일을 계속한다. 그들에게 돈은 더 이상 중요한 요소가 아니다. 그들은 '전진하고 있다'는 느낌을 즐긴다. 아마 그것이 우리가 결국 맞닥뜨릴 죽음이라는 현실에 대한 가장 효과적인 해독제일지도 모른다.

나 역시 마찬가지다. 아이들이 성장하고, 어느 정도 경제적 여유도 생기면서 생존을 위해 돈을 버는 일의 중요성은 줄었다. 하지만 여전히 일하는 것이 즐겁다. 이제는 돈을 위한 노동이 아니라, 의미 있는 연결을 만드는 과정으로서의 일이 더 중요해졌다.

물론 많은 사람이 자신의 일을 싫어하고 하루라도 빨리 그만두고 싶어 한다. 하지만 나는 그들과 다르다는 걸 깨달았다.

돈에 관한 불편한 진실

많은 일들은 직접 경험하기 전까지는 이해하기 어렵고, 경험한 후에도 완전히 파악하기 힘들다. 나는 무일푼이었지만 어느 정도 자산을 일구자, 내가 얼마나 돈에 대해 감정적으로 얽매여 있는지를 깨달았다. 부유해진 후에도 감정의 기복은 여전했고, 그 점이 나를 놀라게 했다.

처음에는 돈이 불러일으키는 감정을 차분하게 들여다보지 않았다. 나와 아들의 눈앞에 쥐 떼가 나타나 내 삶의 변화를 일으키기 전에도, 이미 몇 차례의 충격적인 경험을 했음에도 불구하고 그 신호를 놓친 것이다. 불편한 감정을 느낄 때 나는 그것을 외면했다.

부유한 나라에서 자란다면, 돈이 실제로 어떻게 작용하는지에 대한 감각이 흐려질 수 있다. 미국에서 성장한 내가 바로 그런 경우였다. 반면, 내 아내는 훨씬 현실적이고 균형 잡힌 시각을 가지고 있었다.

대학 시절, 성실하게 일한 아버지가 학비를 대주었기에 나는 돈이 별로 필요 없다고 착각했다. 워싱턴 D.C.에서 자랄 때보다 오히려 더 적은 돈으로 생활했다. 오래된 3층짜리 집의 방 월세로 몇백 달러가 들었고, 마트에는 자전거를 타고 다녔다.

그때 내 영웅은 파타고니아 창립자이자 탐험가인 이본 쉬나드Yvon Chouinard나 어니스트 헤밍웨이Ernest Hemingway 같은 인물들이었다. 그들은 돈에 연연하기보다는 삶을 살아가는 데 집중하는 듯 보였다. 나는 연간 1만 5,000달러 정도면 충분히 살 수 있다고 생각했다. 졸업하던 해 기준으로 이 금액은 빈곤선에 해당했지만, 탄산음료, 케이블 TV, 에어컨, 플로리다 여행 같은 것은 없어도 된다고 믿었다.

하지만 나는 사실 아버지가 땀 흘려 일하신 돈으로 살고 있었다. 아버지의 경제적 성공이 나를 현실로부터 보호해주었다. 브라운대 학생으로서 이용할 수 있었던 훌륭한 도서관과 수영장 같은 시설들은 내가 직접 비용을 지불하지 않았지만, 분명히 돈이 드는 것들이었다. 당시 대학이 있던 프로비던스시는 경제적으로 침체기에 있었고, 주택 공급이 수요보다 많아 월세가 저렴했다. 나는 그런 '돈의 안개' 속에서 살았다.

졸업 후 작가가 되겠다는 목표로 러시아로 이주했다. 소비에트 정부는 미사일을 만드는 데 더 많은 자원을 투자했기에,

주택 공급은 심각하게 부족했다. 프로비던스에서 주택이 남아돌던 것과는 정반대였다. 나는 팬케이크 가게 위의 바퀴벌레가 들끓는 작은 아파트에 살거나, 감당할 수 없는 수준의 비용을 지불하고 '문명화된' 곳에서 살아야 했다. 중간 선택지는 없었다.

문명화된 생활을 원한다면 돈이 필요했다. 밤에 집에 돌아와 불을 켜면 바퀴벌레들이 벽을 타고 흩어졌다. 에어컨도 없었다. 여름에는 창문을 열어놓고 모스크바의 순환도로를 바라보았다. 도로는 항상 차들로 붐볐고, 타이어 타는 냄새와 매연 냄새가 진동했다. 낭만과는 거리가 먼, 그저 불쾌한 경험이었다.

차도 마찬가지였다. 나는 낡은 소련제 자동차를 운전했지만, 모스크바의 신흥 부자들은 독일제 자동차를 몰고 다녔다. 그 차들의 문을 닫을 때 들리는 '툭' 하는 묵직한 소리는 인상적이었고, 모스크바의 진창 속에서도 부드럽게 달렸다. 반면, 내가 몰던 차는 교체나 수리를 위해 거의 매일 정비소를 찾아야 했다.

식료품을 살 때에도 선택은 극단적이었다. 소비에트 시대의 허름한 가게에서 시들어 가는 당근 몇 개를 사거나, 달러만 받는 핀란드 식료품점에서 최고급 식재료를 구매하는 것, 둘 중 하나였다.

그때 나는 돈이 정말 중요하다는 사실을 깨달았어야 했다. 수영이나 응급 처치법을 아는 것이 필수적이듯, 돈을 다루는 법도 필수적으로 알아야 한다.

믿을 수 없는 현실

하지만 나는 현실을 인정하려 하지 않았다. 체중이 늘었을 때 체중계를 외면하는 것처럼, 돈에 대한 불편한 진실을 직시하지 않았다.

모스크바 생활 이후, 아버지가 되었고, 대학원 과정을 마친 후에는 기업에 취직했다. 1996년 무렵이었다. 연봉이 3만 8천 달러로 올랐지만, 너무 높은 뉴욕의 생활물가 때문에 더 가난하게 느껴졌다. 우리가 살던 원룸 아파트는 마트 바로 옆에 있었는데, 냉동식품이 썩어가는 악취가 두꺼운 벽을 뚫고 들어왔다. 그때서야 비로소 나는 돈을 제대로 이해하지 못했다는 사실을 깨달았다.

1998년 가을, 나는 생애 처음으로 돈이 부족하지 않은 상황을 경험했다. 그 순간은 오피스 정치에 대한 장에서 언급했던 품위 있는 상사 짐과의 면담에서 찾아왔다.

그날 나는 두 손을 공손히 뒤로 하고, 유리벽으로 둘러싸인 짐의 코너 오피스에 서 있었다. 창 너머로는 월스트리트의 영업사원, 트레이더, 리스크 매니저들이 분주한 모습이었다. 할 일이 없어도 모두가 무언가에 열중한 듯 보였다. 아무것도 하지 않을 때조차 진지하게 보였다.

나는 왜 그가 나를 불렀는지 몰랐다. '혹시 해고 통보를 하려는 걸까?' 이 업계에서는 이유 없이 잘리는 일이 흔했다. 미국에서는 하루만에 자리를 비워야 하는 경우가 많다.

"입사한 지 이제 겨우 석 달이군." 짐이 트레이딩 플로어를 바라보며 말했다. 한쪽 다리를 꼬고 올려놓은 그의 구두는 구찌였다. 그의 존재감은 강렬했다. 나는 그를 두려워하면서도 존경했다.

"인사팀에서 자네는 아직 보너스를 받을 자격이 없다고 하더군."

"네, 알겠습니다."

속으로는 안도했다. 해고는 아니라는 뜻이었으니까.

짐은 내 얼굴을 잠시 바라보더니 말했다.

"그런데 나는 자네가 하는 걸 보니 마음에 들어."

나는 고개를 끄덕였다.

"그래서…"

그는 미소와 함께 잠시 뜸을 들이며 말했다.

"인사팀한테 엿이나 먹으라고 했지."

나는 깜짝 놀라 그의 얼굴을 쳐다보았다.

"자네에게 보너스를 줄 거야. 2만 달러."

"2만 달러요?"

믿기지 않았다.

"와… 감사합니다. 제가… 기대에 부응하도록 열심히 하겠습니다."

짐은 다시 단호한 표정으로 말했다.

"계속 잘해주게."

나는 무표정한 얼굴로 사무실을 나왔다.

그 당시, 아내와 나는 가진 돈이 몇천 달러뿐이었다. 만약 해고당했다면 우리는 당장 길거리에 나앉을 처지였다. 책상에 앉아 전화를 들었다. 통화 내용이 녹음된다는 걸 알기에, 나는 러시아어로 아내에게 소식을 전했다.

"옥세트Ончет." 아내가 답했다. 대략 "세상에, 말도 안 돼" 정도의 의미였다.

돈이 바꿔놓은 것

그날 밤, 나는 동네 주류 상점에 들러 오반 싱글 몰트 위스키 한 병과 캐슈넛 한 봉지를 샀다. 차가운 공기를 맞으며 집으로 돌아오는 길, 나는 마치 커다란 비밀을 알아낸 기분이었다.

보너스를 받고 나니, 그전까지 사치로 느껴졌던 50달러짜리 위스키가 아무렇지 않게 느껴졌다. 보너스는 2만 달러인데, 위스키 한 병이 고작 50달러라니. 불과 일주일 전만 해도 그런 돈을 술 한 병에 쓰는 건 미친 짓처럼 여겨졌을 것이다.

'이게 돈의 힘인가.'

나는 집에 도착해 위스키를 따라 마셨다.

나는 한때 연간 수입이 2만 달러도 채 안 됐다. 그런데 이제 누군가 그만한 돈을 단숨에 내 손에 쥐여 주었다. 돈이 몸속을 타고 흐르는 기분이었다. 마치 위스키가 혈관을 타고 퍼지는 것처럼. 나는 뼛속까지 실감했다.

돈은 나를 늑대들로부터 보호해 주었다.

늘 주변을 배회하며 기회를 엿보는 늑대들. 돈이 있으면 그 것들을 몰아낼 수 있다. 그 늑대란 모스크바의 열악한 아파트, 언제 고장 날지 모르는 차, 터무니없는 은행 수수료, 예상보다 훨씬 비싼 병원비 같은 것들이었다.

아내는 일찍이 현실에서 돈이란 무엇인지 알고 있었다.

시베리아의 통나무집에서 수도도 없이 자란 아내에게 돈은 다시는 그곳으로 돌아가지 않게 해 줄 유일한 방패였다. 내가 좀 더 일찍 아내의 말을 귀담아들었더라면, 이 깨달음도 빨리 얻을 수 있었을 것이다.

위스키를 홀짝이며 창밖의 어두운 밤을 바라보았다. 아들은 2층에서 잠들어 있었다.

아내는 자기 전, 직접 만든 퀼트 담요를 건조기에 넣어 따뜻하게 데웠다. 아들의 침대가 포근한 보금자리가 되도록. 그녀의 아버지도 어린 시절 그렇게 해주었다고 했다. 그 혹독한 시베리아 겨울 속에서, 아내가 따뜻함을 기억하는 몇 안 되는 소중한 추억 중 하나였다.

뜻밖의 부

내가 다니던 브리지워터는 한적한 시골의 석조 건물에 자리 잡고 있었다. 건물 앞에는 작은 개울이 흐르고, 그 위로 다리가 놓여 있었다. 회사 이름 그대로 '다리Bridge'가 '물Water' 위에 있는 셈이었다.

그 무렵, 회사는 아직 비상장 기업이었고, 모든 권한은 창립자인 레이가 가지고 있었다. 나는 그곳에 오기 몇 달 전, 뱅크오브아메리카에서 해고당했다.

"이제 당신이 하던 일은 필요 없게 됐어요."

합병 프로젝트를 이끌던 책임자이자 동료인 톰이 담담하게 말했다.

"당신은요?" 내가 물었다.

"나도 필요 없다네요." 그가 쓴웃음을 지었다.

나는 뱅크보스턴에 입사해서 플리트의 인수를 견뎌냈다가 플리트가 다시 뱅크오브아메리카에 인수되면서 결국 해고되었다. 기업 인수합병에서는 흔한 일이었다.

문득 떠올랐다. 만약 몇 년 전, 막 주택담보대출을 시작했을 때 해고당했다면 어땠을까? 그랬다면 정말 끔찍했을 것이다. 하지만 내게 벌어진 일은 오히려 정반대였다. 해고당하면서 오히려 부를 얻게 된 것이다.

나는 재직 중에 스톡옵션을 받았다. 하지만 주가가 계속 떨어지는 바람에 그 옵션들은 휴지 조각이나 마찬가지였다. 받은 가격이 60달러였는데, 주가는 그보다 훨씬 낮아졌다. 내 책상 서랍에는 가치 없는 종이 쪼가리들이 쌓여갔다.

그러던 어느 날, 뱅크오브아메리카가 우리 회사를 인수하겠다는 뉴스가 떴다. 그들은 시장 가격보다 훨씬 높은 금액을 제시했고, 덕분에 내 스톡옵션들이 갑자기 어느 정도의 가치를 지니게 되었다.

그날 아침, 블룸버그를 확인한 후 서랍을 열어보았다. 전날까지만 해도 모기지 빚이 더 많던 내가, 하루아침에 부자가 되어 있었다.

돈이 주는 거리감

그로부터 20년 후.

"한잔 할 텐가?"

"아뇨."

"비행 중에는 마시지 않는군."

레이가 위스키를 한 모금 들이켰다. 우리는 그의 개인 전용기에 타고 있었다. 아시아의 한 수도에서 유럽으로 향하는 길이었다. 레이는 내가 다니던 과거의 은행 임원들보다 훨씬 영리한 사람이었다.

비행기가 이륙하고 나니, 평소에 하던 돈에 관한 고민들로부터 한 발짝 멀어진 기분이 들었다. 느슨한 문손잡이, 막힌 배수관, 보험 분쟁 따위는 저 아래 세상에나 있을 뿐이었다. 하지만 동시에 이상한 위화감이 들었다.

'이 비행에 드는 비용은 얼마일까?'

수십만 달러는 될 것이다. 그 돈을 써도 되는 걸까? 우리는 하늘 위를 날고 있지만, 아래에는 평생 비행기를 타본 적 없는 사람들도 있다.

　나는 잘 알고 있었다. 레이가 이 돈을 '번' 것이고, 그 역시 엄청난 노력과 재능으로 여기까지 왔다는 것을. 하지만 그렇다면, 머리가 나쁜 사람들은 어떻게 되는 걸까? 그들도 이런 기회를 가질 수 있을까?

　돈이 얼마나 있어야 과하다고 느껴질까? 나는 아직 답을 내리지 못했다. 내 목표는 경제적으로 독립해 누구의 간섭도 받지 않는 것이었다. 하지만 동시에 좋은 사람들과 연결되고 싶었다.

　돈이 많아지면 안전이 보장된다. 사람들과의 관계가 좋아지는 것으로 시작한다. 돈이 있어야 친구들과 저녁 식사를 즐길 수 있고, 모임을 열 수 있다. 하지만 일정 수준을 넘어가면 오히려 돈이 사람들을 멀어지게 만든다.

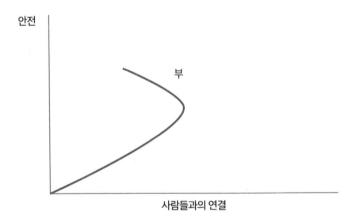

과거, 내가 본 몇몇 부유층은 이상할 정도로 자신의 짐을 들지 않으려 했다. 대학 시절, 어떤 친구는 여행할 때마다 짐을 페덱스로 보내곤 했다. 다른 사람은 같은 정장을 여러 벌 맞춰 호텔마다 미리 보내두었다. 물론, 이런 일들을 처리하는 것은 비서들이었다.

하지만 돌아보면 나도 다르지 않다. 투자로 큰돈을 벌었던 해, 뉴욕에 아파트를 사볼까 하는 생각이 들었다. 정말 필요해서가 아니라, 단순한 욕망이었다. 뉴욕의 아파트가 나를 사람들과 연결해 줄까, 아니면 분리할까? 나는 돈에 중독된 걸까? 다만 레이처럼 머리가 좋지도, 부지런하지도 않아서 그만큼 벌지 못하는 것뿐일까?

돈의 적정선을 찾는 일은 어렵다. 위의 도표에서 대부분의 경우 내가 어디에 위치해 있는지 정확히 알기란 어렵다.

올림픽 선수들을 보라. 나는 운동을 좋아하지만, 올림픽에 출전하는 친구의 훈련 과정을 듣다 보면 지나친 노력처럼 보인다. 이미 놀라운 기록에서 극한의 노력으로 단 몇 초를 또 줄이는 일. 하지만 그것을 헛된 노력이라고 말할 수 있을까?

돈도 마찬가지다. 어쩌면 돈에 집착하는 사람들과 올림픽 선수들은 자신을 억제할 수 없는 것일까? 아마 어떤 사람들은 끊임없이 더 많은 돈을 원할 수밖에 없는 본능을 가지고 있을지도 모른다. 마치 어떤 물고기는 깊은 바다를, 어떤 물고기는 얕은 곳을 선호하는 것처럼.

돈, 영광, 그리고 책임

내가 존경했던 사람들을 다시 돌아보게 되었다. 헤밍웨이는 쿠바, 케냐를 오가며 화려한 삶을 살았고, 여러 명의 아내가 있었다. 하지만 그 생활을 가능하게 했던 것은 그의 글뿐만 아니라, 아내들의 재력도 한몫했다. 코맥 매카시Cormac McCarthy는 너무 가난해 하숙집에서 쫓겨나기도 했지만, 결국『모두 다 예쁜 말들』이라는 명작을 남겼다.

그들은 천재였다. 그러나 동시에, 주변 사람들에게 진 빚을 보면 이기적인 면이 없었다고 할 수 있을까?

한편, 파타고니아 창립자 이본 쉬나드는 자신이 번 돈 대부분을 환경 보호를 위해 기부했다. 그는 분명 다른 선택을 했다. 나는 아직 그럴 준비가 되어 있지 않지만, 최소한 가족을 지키고 주변에서 힘들어하는 사람들을 돕는 데 돈을 쓰고 싶다. 늑대들과의 싸움이 나에게 동기를 부여한다.

결국, 각자의 동기를 찾아야 한다. 어떤 목표든, 그 목표를 이루려면 긴 삶 속에서 불필요한 위험과 독이 되는 사람들을 피하는 것이 중요하다. 이는 다음 장에서 이야기할 주제이다.

당신을 겨냥하는
저격수들

건강이 곧 돈이다.

가장 무서운 저격수, 질병

살다 보면 우리에게 재정적 타격을 입히려는 저격수들을 맞닥뜨리게 된다. 때로는 외부의 힘이, 때로는 우리 스스로가 자신을 해칠 수도 있다. 그리고 누구에게나 가장 큰 위협이 되는 저격수가 있다. 바로 질병이다.

부유한 나라 사람들이 가장 많이 걸리는 질병은 암, 심장병, 치매, 당뇨병이다. 젊을 때는 자신이 일을 그만두게 되는 미래를 상상하기가 어렵다. 하지만 운이 따라준다면 그날은 반드시 온다. 그때 건강이 따라주지 않는다면, 과연 그 시간을 온전히 누릴 수 있을까?

건강도 결국 투자해야 하는 대상이다. 물론 운이 좋아 좋은 유전자를 받았을 수도 있다. 내가 의사에게 "건강한 노년을 위해 무엇이 가장 중요한가요?"라고 물었을 때, 그녀는 단 한 마디로 답했다.

"유전자에요."

특정 나이가 넘어서면 몸 여기저기가 망가지기 시작한다. 하지만 그 시점이 언제 오느냐는 사람마다 다르다. 내 어머니의 경우, 작은 암세포들이 어머니를 갉아먹기 시작했고, 결국 50세도 되기 전에 세상을 떠났다. 아버지는 60대가 되면서 병이 찾아왔다.

지금 내 나이대에서 나는 이미 여러 친구들을 암으로 떠나보냈다. 모두 50대였다. 어떤 지인들은 교통사고로 세상을 떠났고, 나와 동갑인 한 친구는 심부전으로 갑자기 사망했다. 또 다른 친구들은 당뇨병, 파킨슨병, 암 같은 여러 질환을 앓고 있다.

질병은 결국 주사위를 던지는 것과 같다. 우리가 통제할 수 없는 요소들이 많다. 그러나 우리가 통제할 수 있는 요소들도 분명히 있다.

작은 선택이 만드는 큰 차이

가장 기본적인 것은 간단하다. 안전벨트를 매고, 담배를 피우지 마라. 내 어머니는 담배를 피웠다. 어쩌면 그것이 그녀의 운명을 결정지었을지도 모른다. 우리는 수면, 운동, 영양 섭취, 사회적 교류 같은 요소를 통해 질병의 위험을 낮출 수 있다.

이 중 어떤 것은 쉽게 실천할 수 있지만, 어떤 것은 어렵고, 때때로 서로 충돌하기도 한다. 예를 들어, 나는 투자에 신경을 쓰다 보면 수면이 부족해지는 경우가 많다. 예전에는 운동을 하면 일이 밀리는 것 같아 죄책감을 느꼈다. 친구와 수다를 떨며 시간을 보내는 것도 마찬가지였다.

하지만 시간이 지나면서 이런 것들이 일만큼이나 중요하며, 오히려 내게 이득이 된다는 사실을 깨닫게 되었다. 돈에 신경 쓰는 이유가 결국 자유를 얻기 위함이라면, 그 자유를 건강한 몸으로 누릴 수 있어야 하지 않겠는가?

지금 나는 종종 알람 없이 충분한 수면을 취하고 아침에는 90분 동안 운동을 한다. 과자는 줄이고, 가능하면 케이크를 먹지 않으려 한다. 과일과 채소를 더 많이 먹으려고 노력하고, 가족이나 친구들과 함께 식사하는 시간을 꾸준히 만든다. 식사에 초대받으면 웬만하면 거절하지 않는다.

나이가 들면서 나는 점점 더 많은 것들을 식단에서 줄이고 있다. 처음에는 술을 끊었고, 이제는 단 음식도 줄이려고 한다. 암은 설탕을 좋아한다고 들었다. 그리고 데이터도 이를 뒷받침한다.

이 모든 절제가 피곤하게 느껴질 때가 있는가?

어떤 날은 그렇다. 하지만 반대로, 절제를 통해 얻는 자유가 더 크다는 것도 느낀다. 어느 날 나는 한 인터뷰를 본 적이 있다. 세계적인 마라톤 선수가 인터뷰에서 자신만의 비법을 공개했다. 그는 말했다.

"제 비결은 '비타민 N'이에요."

기자가 의아한 표정을 짓자, 그는 설명을 덧붙였다.

"'비타민 N'은 '아니No'라고 말할 줄 아는 능력입니다."

절제하는 것은 어렵다. 하지만 일정한 원칙 안에서 살아가다 보면, 그 원칙이 건강한 노년과 같이 더 나은 삶을 열어준다.

해로운 사람들

세상에는 질병뿐만 아니라 해로운 사람들도 존재한다. 이는 불편한 진실이지만 부정할 수 없는 현실이다. 사람들은 때때로 서로를 착취하며, 서로의 약점을 이용하기도 한다. 이러한 행위는 심리적 학대일 수도 있고, 절도와 같이 물리적 범죄일 수도 있다.

그 영향은 세대를 넘어 이어지기도 한다. 어린 시절 극심한 학대를 받은 사람은 성인이 되어 타인을 학대할 가능성이 더 높다. 누구나 어떤 형태로든 피해를 경험하며, 그 상처는 오랜 시간 마음속에 남는다.

나는 대학 시절 절도를 당한 경험이 있다. 물론 더 위험한 환경에서 폭력 범죄를 경험한 사람들에 비하면 사소한 일이지만, 그 불쾌함은 쉽게 잊히지 않는다. 운동하는 동안 누군가 내 사물함을 털어 우비와 신용카드를 훔쳤고, 그 짧은 시간 동안 인근 매장에서 수백 달러를 결제했다. 뒤늦게 신용카드를 정지했지만 이미 피해는 발생한 후였다.

누군가 내 물건을 뒤졌다는 사실 자체가 불쾌했다. 그리고 그 사건은 이후에도 반복되었다. 신용카드를 몇 차례 더 도난 당했고, 은행 계좌 정보가 유출되어 누군가 내 계좌에서 돈을 인출하려고 시도하기도 했다. 다행히 보안 질문을 통과하지 못했지만, 그 순간은 아찔했다. SNS 계정이 해킹되거나 신원 도용을 당할 뻔한 적도 있었다. 세상에 대한 믿음과 경계를 동시에 가져야만 하는 이유다.

화이트칼라 범죄자들의 세계

윤리적으로 문제가 있는 사람들은 길거리뿐만 아니라 회사 에서도 만날 수 있다. 이전에 내가 일하던 은행에서 '마티'라는 동료가 있었다. 그는 거래 실적이 저조해지자, 공모자들과 부당한 이익을 공유하는 방식으로 손실을 감췄다. 결국 이 사실이 발각되어 해고되었고, 분노에 차 쓰레기통을 걷어차며 떠났다. 몇 년 후, 나는 그를 기차에서 다시 만났는데, 그는 장애인 전용 주차구역에 세운 BMW로 걸어가는 중이었다.

이런 사례는 흔하다. 가짜 헤지펀드를 만들어 사기를 치는 사람, 시민권을 속이는 사람, 비서와 부적절한 관계를 맺고 이를 거짓말로 덮으려는 사람도 있다.

환경을 통제할수록 이런 사람들로부터 멀어질 수 있지만, 반대로 삶이 불안정할수록 더욱 쉽게 노출된다. 특히, 직장을 옮기거나 해외에서 생활할 때가 취약하다. 나도 학생 시절 프랑크푸르트 공항에서 사기를 당할 뻔한 적이 있다. 마지막 순

간에야 그것이 함정이라는 것을 깨달았지만, 한 발만 더 내디
뎠다면 큰일이 날 뻔했다.

거짓말을 간파하는 법

사기꾼을 가려내려면 상대가 순간적으로 보이는 허점을 포
착해야 한다. 이는 사내 정치에서도 중요한 요소다.

거짓말은 대표적인 단서다. 예를 들어, 어떤 사람이 특정 대
학을 졸업했다고 하지만 실제로는 그렇지 않다면 그 사람은
신뢰할 수 없다. 출장비를 부풀리거나, 일주일 휴가를 가놓고
5일만 쉬었다고 하는 경우도 마찬가지다. 이러한 행동이 살인
과 같은 중범죄는 아니지만, 상대의 인격을 드러내는 지표다.
나는 거짓말을 목격하는 순간 그 사람과 거리를 둔다. 마찬가
지로, 다른 사람들도 우리를 같은 방식으로 평가한다는 점을
명심해야 한다.

내가 두 번째 책을 집필할 때 가장 즐거웠던 점은 처음으로
'거짓말을 해도 되는' 환경에서 글을 썼다는 사실이었다. 허구
를 창작하는 것은 문제 되지 않지만, 현실에서의 거짓말은 심
각한 해악을 초래한다. 물론 누구나 윤리적 실수를 저지를 수
있다. 하지만 중요한 것은 반복성과 뻔뻔함, 그리고 반성의 여
부다. 과속하는 것과 이력서를 위조하는 것은 다르다. 과속 후
딱지를 받고 속도를 줄이는 것과, 경찰이 사라지자마자 다시
가속하는 것은 또 다른 문제다.

어떤 사람들은 이야기를 논리적으로 시작했다가도, 갑자기 논점을 다른 방향으로 틀어버린다. 이런 경우, 상대의 본성을 빠르게 파악할 수 있다. 하지만 더욱 위험한 유형은 남들을 조종하는데 너무 능숙해서 상대가 조종당한다는 사실조차 깨닫지 못하게 만드는 사람들이다. 내가 만난 이런 사람들의 목록은 대놓고 사기를 친 사람들보다 길다.

한때 나는 유머 감각이 뛰어난 한 영업사원을 알았다. 그는 너무나 매력적이어서 경계하려 해도 결국 그의 말에 휘둘리고 말았다. 알고 보니 그는 싸움 끝에 누군가를 거의 죽일 뻔했고, 성매매를 일삼았으며, 알코올 중독자였다. 세일즈 실력은 뛰어났지만, 인격적으로는 결함이 많았다. 상황에 따라 달랐을 수도 있겠지만, 그다지 신뢰할 수 있는 사람이 아니었다.

심지어 고위 경영진도 거짓말을 한다. 한 임원은 자신의 연봉을 속였고, 몇 년 후에야 실제 금액이 밝혀졌다. 너무나 자연스럽게 거짓말을 해서 나는 알아채지 못했다.

거리 두기의 중요성

나는 블라디미르 푸틴과 몇 차례 같은 공간에 있었다. 물론 수천 명이 함께한 큰 행사였지만, 그의 연설과 태도를 직접 볼 수 있는 기회였다. 당시 그는 다소 공격적이고 강압적인 태도를 보이긴 했지만, 이후 전쟁 범죄를 저지르고 연쇄살인범 같은 모습을 보일 것이라고는 예상하지 못했다.

이처럼 사람들은 우리의 돈과 정신을 갉아먹을 수 있다. 따라서 이들을 알아보고 거리를 두는 것이 중요하다. 누군가와 대화한 후 기분이 찜찜하다면, 그 느낌을 무시해서는 안 된다.

자신이 사업을 운영하면 함께 일할 사람을 어느 정도 선택할 수 있지만, 직장인이라면 선택지가 제한된다. 나는 조작하는 사람들을 알아보는 데는 능숙하지만, 그들의 게임에 대한 대처는 서툴다. 가장 좋은 방법은 가능한 한 거리를 유지하는 것이다. 물리적으로 거리를 둘 수 없다면, 감정적으로라도 멀리해야 한다. 그들과 깊이 얽히지 말고, 표면적인 관계만 유지하는 것이 최선이다.

우리는 때때로 잘못된 선택을 한다

우리는 타인에게도, 그리고 스스로에게도 좋지 않은 선택을 할 때가 있다. 어릴 적, 나는 도둑질을 한 적이 한 번 있었다. 가게에서 물건을 훔쳤다. 어머니가 돌아가신 지 1년쯤 되었을 때였고, 7살이었다. 결국 들켰고, 정말 끔찍한 기분이었다. 왜 그런 일을 했을까?

사실 이유는 단순했다. TV에서 본 영화, 〈내일을 향해 쏴라〉 때문이었다. 어머니를 갑자기 잃은 어린아이에게 무법자의 삶은 매력적으로 보였다. 어차피 인생은 짧고 우리는 모두 언젠가 죽을 텐데, 규칙을 꼭 지켜야 할 필요가 있을까? 나는 들킨 순간의 감정을 잊지 못해 그 이후로 늘 물건을 사고 나면 제대로 지불했다는 것을 증명하기 위해 영수증을 꼭 챙긴다.

오래 지속되는 죄책감은 이유 없이 존재하는 것이 아니다. 그것은 우리를 바른길로 이끌어 주는 신호다. 나는 인생에서 여러 번 그런 감정을 느꼈다. 아마도 그것이 내가 술을 끊고, 기업 세계를 떠난 이유일 것이다. 나는 주택가에서 운전할 때 항상 속도를 줄인다. 언제든지 3살짜리 아이가 길가에서 튀어 나올 수 있기 때문이다.

내면의 목소리에 귀 기울이고, 꿈을 주의 깊게 살펴라. 거기 에는 분명한 지혜가 있다.

우리는 대부분 더 나은 자신이 되기 위해 애쓴다. 매일이 도 전이다. 그리고 그 노력이 결국 보상을 가져다준다. 때로는 넘 어질지라도, 시간이 흐르면 쌓여간다. 마치 돈이 복리로 증식 하는 것처럼 말이다. 그러니 자신의 발목을 잡을 만한 실수를 하지 않도록 조심하라.

수명과 재정 계획의 딜레마

계획을 세울 때, 오래 사는 것을 가정해야 할까?

이전 장에서 이야기한 '충분한' 은퇴 자금 계산에는 치명적 인 맹점이 있다. 우리는 자신의 수명을 알지 못한다는 것이다. 통계적으로 평균 수명은 예측할 수 있지만, 각자의 삶은 단 한 번뿐이다.

만약 내가 60세에 죽는다면, 90세까지 산다고 가정했을 때 와는 전혀 다른 방식으로 돈을 쓸 것이다.

이전에 한 동료는 내가 제시한 재무에 관한 여러 원칙을 따 랐다. 좋은 수입을 올렸고, 대체로 현명한 소비를 했다. 수백만 달러를 벌었지만 낡은 도요타 픽업 트럭을 타고 다녔다. 50세도 되기 전에 은퇴했다. 그리고 56세에 췌장암으로 세상을 떠났다.

어머니를 일찍 떠나보낸 경험과 이 동료의 죽음 때문인지, 나는 늘 젊은 나이에 죽을 가능성을 걱정했다. 만약 어머니가 자신의 운명을 미리 알았다면 돈을 다르게 썼을까? 당연히 그랬을 것이다.

아버지가 한 가지 이야기를 들려주신 적이 있다. 한때 유럽에서 열린 학회에 참석한 후, 어머니와 파리의 한 카페에서 만나기로 약속했다는 것이다. 나는 그 장면을 상상해 본다. 1962년쯤, 두 분 다 아직 젊고 멋지게 차려입었다. 아버지는 베이지색 바지를, 어머니는 푸른색 원피스를 입었을 것이다. 사랑하는 연인이 파리의 한 야외 카페에서 만나는 모습. 이보다 더 좋은 순간이 있을까?

만약 어머니가 자신이 일찍 세상을 떠날 것을 알았다면 그때 더 많은 돈을 썼을 것이다. 하지만 우리는 자신이 얼마나 살지를 알 수 없다.

노후 자금의 역설

아버지는 신경계 질환을 앓으면서 오랜 시간 치료를 받아야 했다. 결국 아버지의 저축은 거의 바닥을 드러냈다. 다행히 마지막 순간까지 약간의 돈이 남아 있었지만, 만약 몇 년만 더

사셨다면 생활비가 부족했을지도 모른다. 어머니는 과한 안전 망을 갖고 있었고, 아버지는 간신히 맞춰간 경우였다. 만약 아 버지가 2년만 더 살았다면, 재정적으로 힘든 상황을 겪었을 것이다.

결국 우리는 '장수를 계획하면서도, 짧은 인생을 살 수 있는' 가능성을 고려해야 한다. 이것이 돈의 역설 중 하나다. 나는 종 종 멈춰 서서 창밖에 비치는 빛과 그림자의 조화를 감상한다.

어느 순간부터 나는 앞으로 남은 시간을 계산하기 시작했다. 50세쯤부터였을 것이다. 지금 내 예상 수명은 276개월이다.

나는 그 숫자를 바라보며, 친구 사스키아를 떠올린다. 그녀 는 나보다 한 살 많았고, 위암으로 세상을 떠나기 전날까지 나 와 함께 앉아 있었다. 나는 과연 276개월을 살까, 528개월을 살까, 아니면 단 12개월이 남았을까?

나는 105세까지 살아서 마지막까지 건강하게 생각하고 걸 을 수 있다면 좋겠다고 꿈꾼다. 하지만 이제는 현실을 무시하 는 태도에서 벗어났다. 100세까지 맑은 정신을 유지할 확률은 5%도 채 되지 않는다.

결국 중요한 것은 균형이다

나는 통계적으로 높은 확률에 맞춰 내 삶을 준비하기로 했다. 그래서 나는 부를 극대화하는 동시에 건강을 챙기는 데도 많은 시간을 투자한다. 건강은 즐겁게 누릴 수 있는 가장 확실한 예방적 투자다.

그러면서도 순간의 아름다움을 놓치지 않으려 한다. 단순히 살아 있다는 사실을 즐기고, 우리가 사라지기 전까지 허락된 짧은 시간을 음미하는 것이다. 이 균형을 맞추기 위해 나는 고액 연봉을 받던 헤지펀드 회사를 떠났다.

그 결정은 쉽지 않았다. 고액 연봉이 순식간에 사라진다는 것은 고통스러웠다. 그럼에도 나는 왜 그 일을 그만두었을까?

'저격수의 골목Sniper's Alley' 때문이다.

독립해서 일하기 시작하면서 많은 것이 변했다. 내 머릿속에서 '조직 내에서 어떻게 움직여야 할까?'가 아니라 '과연 무엇이 진실일까?'를 고민하는 부분이 활성화되었다. 타인의 기대에 맞추느라 스스로를 왜곡하는 것은 좋은 삶의 방식이 아니었다. 적어도 내게는 그랬다. 이는 내면의 스트레스를 유발했고, 건강에 좋지 않은 영향을 미친다는 생각이 들었다.

퇴사 직전, 아침 일찍 조정 연습을 하면서도 머릿속은 또 다시 상사와 고통스러운 대화를 나눌 걱정으로 가득 차 있었다 (이런 상사는 셀 수 없이 많았다).

'더는 못 견디겠다. 너무 불행하다.'

그날 아침, 이렇게 속으로 되뇌었다. 그때, 오래전의 대화가 떠올랐다. 여름에 버몬트주 미들베리에서 어학원을 다니던 시절이었다. 혼자 수영장에서 수영을 하고 있었다.

그때, 아버지는 끔찍한 병으로 생이 얼마 남지 않았고, 나는 돈 몇 푼 안 되는 일자리를 전전하며 앞날이 보이지 않는 상황이었다. 이 책의 앞부분에서 이야기했던 문제들을 고민하던 중, 답답한 마음을 달래려 물속을 오가며 수영을 한 날이었다.

잠시 멈춰 물 밖으로 나와 숨을 돌리는데, 갑자기 목소리가 들렸다.

"행복하니?"

어머니의 목소리였다. 순간 등골이 오싹해졌다. 너무나 선명했다. 마치 바로 뒤에서 말씀하시는 것 같았다. 하지만 어머니는 이미 20년 전에 세상을 떠나셨다. 정신이 이상해진 걸까? 그 목소리가 무엇이었든, 내게는 너무나 강렬한 메시지로 남았다. 그 이후로도 계속 내 삶의 지침이 되었다.

나는 종종 스스로에게 묻는다.

'나는 행복한가?'

돈이 행복을 만들어 주지는 않는다. 하지만 돈은 자율성을 준다. 그리고 자율성은 나를 훨씬 더 행복하게 만든다. 나는 앞으로도 계속 글을 쓰고 투자하며 살아갈 만큼의 돈이 있다. 결국 내가 얼마나 좋은 글을 쓰고, 얼마나 현명하게 투자하는가에 달려 있다.

나는 늘 행복의 방향으로 나아가려고 한다.

시간이 흐를수록 보이는 것들

나이가 들면 삶의 패턴이 보이기 시작한다. 경험이 쌓이고 데이터가 늘어나면서, 지금 내가 올바른 방향으로 가고 있는지 아닌지를 더 쉽게 판단할 수 있다. 젊었을 때는 불안감에 휩싸이지만, 어느 순간 이렇게 생각할 수 있게 된다.

'아, 지금 내가 불안하구나.'

감정을 한 발 떨어져서 바라보자. 그러면 불안에 휘둘리는 것이 아니라, 그저 하나의 감정으로 받아들일 수 있다. 주변을 보면, 내가 걸어왔던 길을 똑같이 지나가는 사람들이 있다.

교육, 취업, 결혼… 그들은 내가 그랬던 것처럼 두려움과 설렘을 안고 그 길을 걸어간다. 50대가 되면, 어떤 것에 돈을 써야 만족스럽고, 어떤 것은 돈 낭비인지 감이 온다. 나 역시 많은 지출을 줄였고, 반대로 더 많은 것을 삶에 포함시켰다. 하지만 익숙함이 곧 정체로 이어지는 순간을 경계해야 한다.

아버지를 떠올려 본다. 아버지는 과학을 사랑했다. 세상의 거대한 퍼즐을 풀어가는 일이 아버지의 인생이었다. 일이 아버지에게는 즐거움이었고, 안정적인 공무원 연봉 덕분에 투자에 신경 쓰지 않아도 됐다. 하지만 나이가 들면서 외로움을 극복하지 못했다. 친구들의 숫자는 점점 줄어들었다. 결국, 그것이 아버지의 삶을 더 단축했을지도 모른다.

아버지는 사교 활동을 즐길 수도 있었다. 춤을 좋아했고, 개인 레슨까지 받으셨다. 하지만 사람들과 어울릴 수 있는 그룹 수업을 들었다면 어땠을까? 그랬다면 친구를 사귀고, 새로운 관계를 맺을 수 있었을지도 모른다. 혹시 아버지가 나의 비싼 대학 등록금을 걱정하며 자신을 위한 사소한 지출조차 사치로 여겼던 것은 아닐까?

과거를 돌이켜보면 쉽게 보이지만, 현재의 내 상황을 객관적으로 바라보는 것은 너무나 어렵다.

돈의 목적은 더 나은 삶을 위한 것

돈 걱정에서 완전히 자유로울 수는 없다. 하지만 돈의 목적은 삶을 더 깊이 경험하도록 돕는 것이지, 불안감 속에 우리를 가두는 것이 아니다. 서울의 거리를 새벽에 거닐 때의 설렘, 인도 사원에 울려 퍼지는 찬송 소리, 롱아일랜드 사운드에서

배를 저으며 독수리가 물고기를 낚아채는 것을 본 순간. 이 모든 경험이 돈을 통해 가능했다.

그런 의미에서 돈은 단순한 숫자가 아니라, 더 넓은 세상을 경험하게 해주는 수단이다. 로마에 있을 때 시인 밀로시^{Milosz}의 로마에 대한 시를 읽었던 것이 기억난다.

> 로마, 캄포 데 피오리 광장에서
> 올리브와 레몬이 담긴 바구니들,
> 포도주로 얼룩진 자갈길,
> 꽃의 잔해들…

이 시를 로마에서 읽으며 로마의 풍경을 마주할 수 있었던 것도 그동안 돈을 잘 다뤘던 덕분이었다. 그렇다고 해서 빚을 다 갚고, 카드 명세서를 깔끔하게 정리했을 때의 기쁨이 덜한 것은 아니다. 돈과 인생은 결국 확률과 선택의 문제다.

어떤 삶의 방식을 선택할지, 어디에 돈을 쓸지, 나만의 균형을 찾아야 한다. 나는 가난해서 불행했던 적이 있다. 지금 역시 은행 계좌의 숫자가 사라질까 봐, 늙어서 병들까 봐 불안한 순간이 있다. 그래서 나는 늘 차분하고 신중하게 돈을 다루려 노력한다.

그와 동시에, 경이로움과 기쁨을 위한 공간을 충분히 남겨둔다. 그리고 매일매일 균형을 맞추려 노력한다.

슬로건

돈과 삶의 원칙

돈과 삶의 원칙

1. 돈은 우리를 옭아맬 수 있는 굴레이다. 돈과 함께 잘 살아
   가기 위해서 전략이 필요하다.

2. 우리는 돈을 통해 안정감을 얻고 싶어 하지만, 돈은 결코
   안정감을 보장해 주지 않는다. 통제할 수 없는 것에 매달
   리지 말고, 통제할 수 있는 것, 즉 마인드셋에 집중하라.

일과 돈

3. 생존에 필요한 돈이 얼마인지, 사회가 필요로 하는 나의 역량이 무엇인지 파악하라. 직업의 가치와 연봉 수준은 시간이 지나면서 변하기 마련이다.

4. 돈을 이해하려면 가격을 이해해야 한다. 내가 받는 돈(급여)과 내가 지출하는 돈(소비, 저축)을 모두 파악해야 한다.

5. 어떤 산업이든 보이지 않는 계층 구조가 있다. 계층을 바꾸는 것은 어렵지만 불가능하지 않다.

6. 사내 정치는 중요하다. 사내 정치 고수들은 마치 아무것도 하지 않는 것처럼 보이면서도 전략적으로 움직인다. 적어도 스스로를 보호하고, 자신의 가치를 어필하는 법은 반드시 배워야 한다.

투자와 자산 관리

7. 나쁜 상황은 언제든 벌어질 수 있다. 따라서 여유 있는 오차 범위를 확보하고, '위험이 없는 상태'를 명확히 인지하라.

8. 부채는 도구다. 잘 사용하면 유용하지만, 잘못 쓰면 발목을 잡는다.

9. 돈은 결국 중앙은행에서 나온다. 중앙은행의 통화 정책 변화는 곧바로 내 소득과 저축에 영향을 미친다.

10. 저축은 현금, 주식, 채권, 부동산으로 이루어진다. 각각의 기본 원리를 이해해야 한다.

11. 포트폴리오는 여러 자산을 모아 놓은 것이다. 기본 원칙은 위험을 가능한 한 균형 있게 분산하는 것이다.

12. 투자에는 다양한 접근법이 있다. 자신에게 맞는 투자 철학을 찾거나, 더 나아가 스스로 구축해야 한다.

은퇴와 그 이후

13. 일을 그만둘 수 있는 시점은 단순하다. '내가 가진 돈 ÷ 앞으로 살날'이 예상 지출보다 많을 때 가능하다.

14. 건강이 곧 자산이다.

15. 돈에 대한 조언을 맹신하지 마라. 절대적인 '돈의 현자' 는 존재하지 않는다. 나 역시 마찬가지다.

부의 전략 수업

초판 1쇄 발행 2025년 05월 07일
초판 2쇄 발행 2025년 05월 15일

지은이 폴 포돌스키
옮긴이 고영훈
펴낸이 김상현

콘텐츠사업본부장 유재선
출판1팀장 전수현　**책임편집** 심재헌　**편집** 김승민 주혜란
디자인 김예리 권성민　**마케팅** 이영섭 남소현 최문실 김선영 배성경
미디어사업팀 김예은 김은주 정미진 정영원 정하영
경영지원 이관행 김준하 안지선 김지우

펴낸곳 (주)필름
등록번호 제2019-000002호　**등록일자** 2019년 01월 08일
주소 서울시 영등포구 영등포로 150, 생각공장 당산 A1409
전화 070-4141-8210　**팩스** 070-7614-8226
이메일 book@feelmgroup.com

필름출판사 '우리의 이야기는 영화다'
우리는 작가의 문체와 색을 온전하게 담아낼 수 있는 방법을 고민하며 책을 펴내고 있습니다.
스쳐가는 일상을 기록하는 당신의 시선 그리고 시선 속 삶의 풍경을 책에 상영하고 싶습니다.
홈페이지 feelmgroup.com　**인스타그램** instagram.com/feelmbook

ISBN 979-11-93262-47-4 (03320)